KB106332

직장인 **사자성어**

직장인 사자성어

발행일   2015년 7월 10일

지은이   이 현 근
펴낸이   손 형 국
펴낸곳   (주)북랩
편집인   선일영   편집   서대종, 이소현, 김아름, 이은지
디자인   이현수, 윤미리내, 임혜수   제작   박기성, 황동현, 구성우, 이탄석
마케팅   김회란, 박진관, 이희정
출판등록   2004. 12. 1(제2012-000051호)
주소   서울시 금천구 가산디지털 1로 168, 우림라이온스밸리 B동 B113, 114호
홈페이지   www.book.co.kr
전화번호   (02)2026-5777   팩스   (02)2026-5747

ISBN   979-11-5585-665-9 03320 (종이책)   979-11-5585-666-6 05320 (전자책)

이 도서의 국립중앙도서관 출판예정도서목록(CIP)은 서지정보유통지원시스템 홈페이지(http://seoji.nl.go.kr)와
국가자료공동목록시스템(http://www.nl.go.kr/kolisnet)에서 이용하실 수 있습니다.
(CIP제어번호 : CIP2015018042)

세 상 을 읽 는 지 혜 의 보 고

직장인
사자성어

四字成語

이현근 지음

북랩 book Lab

추천사

우리는 오래전부터 중국을 중심으로 하는 한자 문화권에 속해 있었기 때문에 우리글과 말 속에는 한자어의 비중이 비교적 높은 편이다. 그런데 한자는 표의문자여서 글자의 뜻을 이해하게 되면 특정한 단어나 문장의 개념을 이해하기 수월해지므로, 새로운 지식이나 학문을 익히는 데 매우 편리한 도구라 생각된다. 이런 이유로 요즈음 기업이나 관공서 등에서 사원을 채용할 때에도 한자어 구사 능력을 요구함으로써 직장인이나 청소년을 비롯한 많은 사람들이 한자어 학습에 관한 관심이 고조되고 있다.

이와 같은 시대적 요구에 비추어 이번에 저자가 『직장인 사자성어』라는 책을 발간하게 된 것은 매우 시의적절하다 하겠다. 저자가 서문에서도 밝혔듯이 한자를 배우는 방법 중에는 여러 가지가 있지만, 직장인에게는 생활 중에 배우는 것이 가장 효과적이고 현실적이며. 그 방법 중의 하나가 '사자성어四字成語'를 이용하는 것이다. 사자성어는 우리 생활 속에 깊이 자리 잡고 있어서 은연중에 자주 사용하는 것이기 때문에 이 책을 통하여 그 뜻을 정확하게 이해한다면 한자 학습에 매우 효과적일 것이다. 책의 구성 또한 언론 등에 발표되는 기업인이 나 정치인들이 언급한 사자성어를 그 단어가 나오게 된 맥락과 같이 소개함으로써 그 말이 언론에 나왔을 때의 시사와 경제 상황도 함께 맛보는 재미를 누릴 수 있어 지루함을 느낄 수 없게 하고 있다.

저자는 공학도이면서도 바쁜 회사 생활을 병행해 가며 중국어를 전 공하는 열정을 보여 주어 주변 사람들을 놀라게 하였는바, 이번에는 2013년에 발간된 첫 번째 저서인 『직장인 천자문』에 이어, 두 번째 책 을 발간함으로써 지칠 줄 모르는 열정뿐만 아니라 타고난 성실함도 겸비하고 있다는 것을 여실히 보여주었다. 앞으로도 저자의 한자에 대한 전문 지식과 오랜 직장 생활 경험에서 축적한 지혜를 잘 조화시 켜 꾸준히 좋은 책들이 차례로 발간되리라 기대한다.

끝으로, 이 책이 한자 학습을 원하는 분들에게 재미있고 효과적인 도구가 되리라 믿어 많은 분들에게 일독을 권하며, 여러분들의 학습을 응원하는 의미로 이 책에 나오는 사자성어로 마무리하고자 한다. 마부위침磨斧爲鍼. '도끼를 갈아 바늘을 만든다'는 뜻으로, 아무리 이루기 힘든 일도 끊임없는 노력努力과 끈기 있는 인내忍耐로 성공成功하고야 만다는 뜻이다.

2015년 6월

한 관 희

(시인, 경상대학교 교수)

세계 인구 75억 명 중 중국 인구는 15억 명으로 1/5을 차지하고 있다. 세계 각국에 살고 있는 화교華僑까지 포함하면 그 이상이 될 것이다. 정치, 경제력으로 따지자면 이미 G2가 되었고, 머지않아 G1이 될 것이다.

세계 속의 중국인의 숫자와 함께 국제 정치·경제에서의 중국의 역할이 증대됨에 따라 중국어가 세계의 두 번째 공식 언어가 될 날도 멀지 않다. 이 같은 중국어를 이해하고 해석하려면 '한자漢字'를 모르고서는 할 수가 없다. 한국인이나 일본인은 말은 못 해도 중국어를 어느 정도 해석은 가능한데, 이는 한자를 공유하고 있기 때문이다. 조사나 전치사는 아니지만 명사·동사 그리고 형용사는 많은 부분 뜻을 같이하고 있다. 그래서 한자를 익히면 중국어를 이해할 수 있고 해석할 수도 있다.

아직도 중국에서의 비즈니스에서는 영어가 주로 사용되지만, 중국을 방문한 비즈니스맨은 간단한 인사는 중국어를 사용하고 있다. 비즈니스를 함에 있어 상대를 이해하는 것은 비즈니스에서 중요한 요소이며, 거래나 협상에 있어 상대의 언어를 이해하는 것은 상당히 유리한 조건이 될 수 있다.

중국어를 배우는 것은 한 나라의 언어를 배우는 것이라 많은 노력이 필요하지만, 한자를 조금 익히면 중국말은 못 해도 중국 문장을 해석하거나 이해할 수는 있다. 최소한 '문맹文盲'은 벗어날 수 있다. 그래서 한자를 배울 필요가 있는 것이다.

한자를 배우는 방법 중에는 여러 가지가 있지만, 직장인에게는 생활 중에 배우는 것이 가장 효과적이고 현실적이다. 그래서 선택한 것이 '사자성어'를 이용하는 것이다.

매년 연초가 되면 기업인이나 정치인은 한 해를 전망하는 '사자성어'를 발표한다. 필자는 한 해 동안 언론에 발표되었던 '사자성어' 20개를 모아 매년 연말에 '대치한담大峙閑談'이라는 제목으로 작은 책을 만들어 지인들에게 연하장으로 발송해오는 일을 5년째 해오고 있다. 시건방진 짓일는지 모르지만, 한 해 동안 고마웠던 분들께 사자성어도 복습하고, 시대의 흐름을 반추해 볼 수 있는 '대치한담'을 선물하는 것이

평범한 직장인의 소박한 '감사의 표시'라고 생각해서 계속해왔다.

　올해가 다섯 번째 해이고 그동안 모아둔 것이 100개가 되어 한 권의 책으로 묶어 발간하게 되었다. 하루의 일을 기록한 것이 신문이라면, 신문을 모으면 역사가 된다. 언론에 나타난 '사자성어'는 역사를 간략히 그리고 함축적으로 설명한 것이다. 직장인으로 한 시대를 보내며 역사의 흔적을 보관할 수 있다면 기쁨이고, 감사했던 분들께 작은 보답이 되었다면 영광이다.

　이 책이 나오기까지는 지난 5년 동안 '대치한담'을 성원해 주신 여러 독자 여러분의 격려에 힘입은 바가 크다. 또한 격려사를 보내 주신 경상대 한관희 교수님과 초안을 검토하시고 교정까지 해 주신 문학평론가 신호新毫 선생님께 감사드린다.

2015년 6월 진주에서

毅松 적음

목 차

3. 책임을 강조할 때

4. 반성이나 겸손을 강조할 때

5. 인내와 끈기가 필요할 때

6. 전략을 구상할 때

1. 희망을 이야기할 때

康 衢 煙 月 　강구연월

편안 **강**　　네거리 **구**　　연기 **연**　　달 **월**

> **뜻** '번화한 거리에 달빛이 연기에 은은하게 비치는 모습'을 뜻하는 말로 태평성대의 풍요로운 풍경을 묘사하는 표현이다.

'강구연월'은 중국 요 임금 시대에 백성들이 태평성대를 노래한 동요 '강구요'에서 유래했다.

새해 '강구연월'을 희망의 사자성어로 추천한 단국대 김상홍 교수(한문학)는 "지도층은 요임금처럼 국민에게 강구연월의 세상을 만들어 줄 책임과 의무가 있다. 새해에는 경제 위기를 극복하고 분열과 갈등이 해소되는 강구연월의 시대가 열리길 기대한다"고 추천 이유를 밝혔다.

(2010 1. 1. 이뉴스 투데이)

　새해에는 항상 새로운 다짐을 하곤 한다. 새로운 희망을 가지고 나름대로 구상을 한다. 자신은 물론 남들에게 희망을 주는 것은 좋은 일이다. 더욱이 그 희망을 그림으로 보여줄 수 있다면 더욱 더 좋을 것이다. 생각을 구체화하는 방법으로 글이나 그림으로 표현하는 것도 적절하다.

　희망이 이루어졌을 때의 편안함을 상상해 보도록 하자. 거리의 달빛 아래에서 연기를 피우면서 지인과 담소를 나누는 모습을 상상해 보자. 상상만으로도 편안해지는 자신을 느낄 것이다.

東 山 再 起 동산재기

동녘 **동** 뫼 **산** 다시 **재** 일어날 **기**

뜻 동산에서 다시 일어난다는 뜻으로, 은퇴한 사람이나 실패한 사람이 재기하여 다시 세상에 나옴을 뜻함.

'동산재기東山再起'에는 2012년에 거는 LG그룹 임직원들의 염원이 담겨 있다. 한 번 실패했던 사람이 다시 일어선다는 고사성어의 뜻처럼 2011년의 어려움을 모두 날려버리고 새로운 모멘텀을 얻기를 바라는 것이다.

동산에 은거하다가 관계로 나가 크게 성공한 중국 동진東晉의 사안謝安의 경우처럼 올해 힘든 시기를 보내야 했던 LG그룹은 2012년을 도약의 해로 삼겠다는 각오다.

젊은 날 초야에 묻혀 살다가 나이 40세 이후 재상으로 등극한 사안의 '동산재기' 고사는 중국 위진·남북조시대 송나라의 문학가 유의경劉義慶이 저서『세설신어世說新語』에 인용하면서 널리 회자됐다.

(2012. 1. 2. 매일경제신문)

흔히 사용하는 '와신상담臥薪嘗膽'이라는 단어가 생각난다.

어려움을 딛고 새로이 출발하려는 사람을 격려해줄 때 사용해 보자.

望 梅 止 渴 망매지갈

바랄 **망**   매실 **매**   그칠 **지**   목마를 **갈**

뜻 매실은 시기 때문에 이야기만 나와도 침이 돌아 해갈解渴이 된다는 뜻.

'망매지갈望梅止渴'이라는 말이 있다. '매실을 보고 갈증을 잊는다'는 의미로 중국의 조조曹操가 남쪽 징벌에 나섰을 때 병사들에게 "저 너머에 매실나무가 있다"고 말하여 입에 침이 고이게 해 갈증을 해소시킨 것에서 유래한 이야기다.

앞으로 '망매지갈'이라는 말은 택배 화물 상하차를 하는 노동자들에게 쓰여야 마땅하다. 물 한 모금 마시지 못한 채 탈수 직전까지 가고 허리가 끊어지는 고통을 이겨내며 어쩌다 실려 오는 '과일 택배'의 향으로 갈증을 견뎌내는 게 택배 상하차 노동자들이다.

(2013. 09. 10. 헤럴드경제)

'매림지갈梅林止渴'이라고도 한다. 사막을 건너가는 여행객에게 '오아시스'는 희망이요, 목표가 될 수 있다. 어렵고 힘들지만 작은 희망이라도 보이면 어려움을 참아낼 수 있다. 하지만 이마저도 없을 때에는 '그림의 떡'이라도 걸어야 살아갈 것 같다.

조직의 리더는 어려울 때에도 자신감을 잃지 않고, 구성원들에게 희망을 줄 수 있어야 한다. 그래서 때로는 거짓말이라도 해야 한다.

尾 生 之 信 미생지신
꼬리 **미**　　날 **생**　　어조사 **지**　　믿을 **신**

뜻 미생이란 사람의 믿음이란 뜻으로, 미련하도록 약속을 굳게 지키는 것이나 고지식하여 융통성이 없음을 가리키는 말.

> 행정복합도시인 세종시 수정안에 대한 동의를 구하는 중에 정몽준 대표가 반대하는 박근혜 대표 측을 겨냥하여 사용한 문구로, 융통성 없음을 비유하여 문제가 된 문구이다.
> 이에 대해 박 대표는 미생의 진정성이 중요한 가치인데, 이를 두고 비하한 것은 국민에 대한 모독이라고 대응한 바 있다.
>
> (2010년 1월 중순, 일간지)

　비단 미생뿐만 아니라 모든 사람들은 자신만의 믿음을 가지고 있다. '징크스'라고도 할 수도 있는데, 자신의 믿음에 대해 타인이 공격을 하면 방어를 하는 것이 인간의 본성이다. 다만, 그가 가지는 믿음이 보편적이고 합리적인가가 문제인데, 믿음이라는 것이 원래 개인적인 특성이 있으므로 다른 사람의 관점에서 판단하기는 어려운 문제임에 틀림이 없다.

　모든 사람 이름 뒤에 붙여서 자신만의 믿음을 강조해도 좋을 듯하다. 이름이 겸연쩍다면 호를 붙여서 사용해 보자. 예를 들어 '의송지신毅松之信'이라고 할까?

鵬 程 萬 里 붕정만리

붕새 **붕**　　길 **정**　　일만 **만**　　이 **리**

뜻 붕새를 타고 만 리를 나는 것을 뜻하며 먼 길 또는 먼 장래를 이르는 말.

> "우리 앞에 펼쳐진 붕정만리鵬程萬里를 향해 정진해 나가자."
> 최태원(51) SK그룹 회장은 3일 서울 광장동 워커힐 호텔에서 가진 신년교
> 례회에서 임직원들에게 "새로이 다가올 10년 동안에 지난 10년보다 더
> 큰 발전과 성과를 이룩해 글로벌 기업으로 도약하자"며 이같이 말했다.
>
> (2011. 1. 4. 중앙일보)

　새해를 시작하거나 새 학기를 시작하는 시점에 사용하기 적합한 문구이다. 사람이나 조직이나 성장하지 않으면 상대적으로 도태되는 것이다. 그래서 끊임없이 도전하여야 하고 성장하여야 한다. 도전할 때 가장 중요한 것이 마음가짐이다. 생각이 바뀌면 태도가 바뀌고, 태도가 바뀌면 습관이 바뀌고, 습관이 바뀌면 운명이 바뀐다고 한다. 조직원들의 생각이 긍정적이고 도전적으로 바뀌도록 하는 것도 경영자의 역할 중 하나이다. 자녀들이 긍정적 생각을 가지도록 지도하는 것도 부모의 역할이듯이.

　무엇보다 중요한 것은 꾸준히 하여야 한다. 만 리를 가듯이 급하진 않지만, 쉬지 않고 가는 것이 중요하다.

石 田 耕 牛　석전경우
돌 석　　밭 전　　밭갈 경　　소 우

뜻 돌밭을 가는 소.

"성공 가능성 있는 자갈밭(하이닉스)을 옥답으로 바꾸는 일이 남았다."
SK그룹이 2012년 '석전경우石田耕牛'의 마음으로 업무에 임한다. 이 사자
성어는 조선 건국 공신인 정도전이 팔도 인물 품성을 평가하면서 태조 이
성계의 고향인 함경도 사람들을 '거친 돌밭을 가는 소처럼 강인하고 우직
하다'고 말한 것에서 유래됐다.
SK그룹은 지난 10년간 회사 덩치를 세 배가량 키워 2011년에는 120조 원
이 넘는 역대 최대 매출액을 거뒀다. 소버린과의 경영권 분쟁과 2008년 글
로벌 금융 위기를 힘차게 극복하면서 이제는 재계 3위로서 입지를 다지는
양상이다. 내년 2월에는 새로운 성장 동력인 하이닉스의 최종 인수도 앞두
고 있어 지금은 재도약을 향한 매우 중요한 순간이다.

(2012. 1. 2. 매일경제)

　　정도전이 이성계의 고향인 함경도 사람들에 대해 '진흙탕에서 싸우
는 개' 처럼 강인하다는 뜻으로 '이전투구泥田鬪狗'라고 했다가 이성계
의 표정이 흐려지자, 돌밭을 가는 소처럼 우직하다는 뜻의 '석전경우
石田耕牛'로 고쳐 답했다고 한다. 강인함보다 우직함이 낫다는 의미는
아니고, '이전투구'가 부정적인 의미를 나타내기 때문일 것이다.

洗 盞 更 酌 세잔갱작

씻을 **세**　술잔 **잔**　다시 **갱**　권할 **작**

뜻 잔을 씻고 다시 또 술을 따른다.

> 올해도 이런저런 일에 매달리다 보면 또 훌쩍 지나갈 것이다. 다만, 시간의 흐름
> 을 삶의 조건으로 받아들이고 변화에 몸을 내맡기도록 하자.
> 박인환이 애조哀調로 토로했던 말을, 그 말의 의미 그대로 받아들여 보자.
> "인생은 외롭지도 않고, 그저 낡은 잡지의 표지처럼 통속하거늘, 한탄할
> 그 무엇이 무서워서 우리는 떠나는 것일까."
> 나는 하루하루 열심히 살았다. 그러니 이 순간, 기분을 전환하기 위해 잔
> 을 씻고 새 술을 따라 마시는 것으로 만족하자.
> 금년에도 나는 세잔갱작이란 말을 화두로 새해를 시작했다.
>
> (2013. 1. 4. 문화일보, 심경호 교수 기고문)

북송 말기의 대표적 문인인 소동파蘇東坡의 적벽부赤壁賦 후반부에
나오는 문장이다. 소동파가 퇴직하고 적벽에서 친구들과 놀면서 쓴
시인데, 유유자적한 삶을 이야기하고 있다.

세상에서 시달릴 때 누구나 한 번쯤은 세상과 인연을 끊고 벗과 함
께 노닐며 한잔하는 상상을 한다. 새해에는 평화롭고 마음에 맞는 벗
과 함께 한잔하는 세상이 되길 기대해 본다.

水 到 船 浮 수도선부

물 **수**   이를 **도**   배 **선**   뜰 **부**

뜻 물이 불어나면 큰 배가 저절로 떠오른다.

> 이명박 대통령은 31일 2013년 신년사를 통해 "수도선부水到船浮, '물이 불
> 어나면 큰 배가 저절로 떠오른다'는 옛말처럼 신장된 국력을 바탕으로 세
> 계를 향해 돛을 올리고 힘차게 나아가야 할 때"라면서 "앞으로 무역 2조 달
> 러 시대, 국민 모두가 잘사는 국민행복시대가 활짝 열리길 기원한다"고 밝
> 혔다.
>
> (2013. 1. 1. 세계일보)

성경에 나오는 노아의 방주가 기억난다. 하나님의 명령에 따라 배를
만들어 그 안에 생명체를 모아놓은 상태에서 오랜 폭우로 배가 떠오
르기를 기다리는 노아를 생각해 보자. 물이 불어나며 물 위로 떠오르
는 배를 느끼며 노아는 새로운 희망을 기대했으리라. 옛것은 지나고
새로운 세계가 왔으니 노아를 비롯한 배 안의 생명은 새로워진 땅에
서 자라나고 번성할 것이다.

새해를 맞이하거나, 새로운 직장에서 근무를 시작할 때, 그리고 병
원에서 퇴원하면서 맞이하는 희망을 생각나게 하는 단어이다.

心 信 之 旅 심신지려
마음 **심**　　믿을 **신**　　갈 **지**　　나그네 **려**

뜻 마음과 믿음을 쌓아가는 여정.

> 박근혜 대통령의 27~30일 중국 국빈 방문 슬로건이 '심신지려心信之旅'로
> 정해졌다. '마음과 믿음을 쌓아가는 여정'이란 뜻이다. 시진핑習近平 국가
> 주석 등 중국 지도부와의 신뢰를 공고히 하고 한·중 전략적 동반자 관계
> 를 내실화하겠다는 목표와 기대를 한자성어에 담았다고 청와대 측은 밝
> 혔다.
>
> (2013. 06. 25. 경향신문)

　친구를 사귈 때 여행을 같이 다녀보라고 한다. 잠시 만나는 것이 아
니라 며칠 동안이라도 같이 밤을 지내다 보면 그 사람의 진면목을 알
수 있기 때문이다.

　직장 생활에서 고객이나 상사와 같이 출장을 다닐 기회가 있다. 이
러한 업무 출장은 자신의 진면목을 보여줄 수 있는 기회이기도 하다.
여행 일정이나 회의 등의 활동에서 준비를 철저히 하면 고객이나 상
사로부터 신뢰를 얻을 수 있다. 업무 이외에도 개인적인 취향이나 상
황에 맞는 준비물을 갖추어 활용하면, 큰 효과를 거둘 때가 있다. 무
엇보다 편안한 여행이 되도록 배려하는 지혜가 필요하다.

鳶 飛 魚 躍 연비어약

솔개 **연** 날 **비** 물고기 **어** 뛸 **약**

> **뜻** 솔개가 하늘을 나는 것이나 물고기가 못에서 뛰는 것이나 다 자
> 연법칙의 작용으로, 새나 물고기가 스스로 터득한다.

2013 인천시의 시정 철학이 될 사자성어로 '연비어약鳶飛魚躍'이 선정됐다.
2일 시에 따르면 연비어약은 시경詩經 대아大雅 한록편旱麓篇에 나오는 시
구로 '솔개는 날아서 하늘에 이르고 고기는 뛰어 연못에 논다'라는 뜻을
가졌다.
인천은 내년에 GCE사무국이 문을 열고 2013 인천실내무도아시아경기대
회, 2014 인천아시아경기대회를 앞두고 있어 활기찬 인천, 도약하고 비상
하자는 인천의 미래 비전을 담았다.

(2013. 1. 3. 시민일보)

　직장인은 출근을 하고, 선생은 강의를 하고, 주부는 식사를 준비하
는 분주한 모습을 볼 때, 살아가는 활기를 느낀다. 삶의 의욕이 떨어
질 때에는 시장에 가보라는 말이 있다. 매번 어려운 한 해가 예상되지
만, 연초에는 희망을 이야기하는 것이 적절하다.

　길이 안 보일 때가 있어 답답할 때, 그렇다고 가만히 있으면 더 기
운이 빠지기도 한다. 우선 자리를 털고 일어나는 것이 시작이다. 길
을 찾다가 보면 의욕이 생기기도 한다.

日 新 又 日 新　일신우일신

날 **일** 새로울 **신** 또 **우**　날 **일** 새로울 **신**

뜻 날마다 자꾸 진보함.

'일신우일신'은 중국 은나라 탕왕의 세숫대야에 적혀 있던 글이다. 탕왕은 목욕할 때마다 이 구절을 음미했다. 목욕을 함으로써 몸에 묻은 때는 없앨 수 있지만, 마음의 때는 목욕으로 해결되는 것이 아니기 때문이다. 백성들에게 인기가 높았던 탕왕이지만 매일 아침 세수를 하며 이 글을 보았고, 자신의 몸을 씻듯이 마음을 깨끗이 하며 하루하루 새롭게 정치를 하리라는 다짐을 한 것으로 전해진다.

한국종합기술이 2013년 사업전략을 나타내는 사자성어로 '일신우일신'을 꼽은 점은 '딱 한국종합기술 스타일'이라는 말이 나오게 한다. 매일 새롭게, 매일 한 걸음씩 디딘다는 마음가짐으로 경쟁 체질을 강화한다는 것이다.

(2013. 1. 11. 건설경제신문)

중학교 때 한자를 배우며 처음 접하는 문장 중의 하나이다. 배우는 학생에게는 꾸준함이 필요한 덕목이고, 성취를 위한 방법이기도 하다. 하지만 이것은 정말로 지키기가 쉽지 않은 덕목이다. '작심삼일作心三日'이 일반적이기 때문이다. 그래서 세숫대야에 새겨 놓고 잊지 않으려고 노력을 하였다는 것이다.

日出而作 일출이작
해 일 / 날 출 / 말이을 이 / 지을 작

日入而息 일입이식
해 일 / 들 입 / 말이을 이 / 쉴 식

뜻 해가 뜨면 일어나 일하고, 해가 지면 들어와 쉼. 자연에 따라 순리順理
대로 행하여 무리를 하지 않음을 이르는 말.

> 강창희 국회의장은 '일출이작 일입이식'(日出而作 日入而息, 해 뜨면 밖에 나가
> 일하고 해 지면 집에 들어와 쉰다)이라는 문구를 인용하면서 "국민이 정치 걱
> 정 하지 않고 민생이 편안한 나라가 19대 국회에서 구현될 수 있도록 노
> 력할 것을 다짐한다"고 말하면서 "우리 주변에서 퇴영적 민족주의가 발호
> 할 조짐이 나타나는 어려운 상황에서 무엇보다 중요한 것은 우리 국민의
> 통합과 애국심"이라고 강조했다.
>
> (2013. 1. 1. 세계일보)

중국의 태평성대 시절인 요순시절 '격양가'의 일부이다. 해가 뜨면
출근하고, 해가 지면 귀가하여 가족과 저녁을 하는 일상의 모습을 그
린 것이다. 농경사회에서만 적용되는 덕목은 아니고 현대에서도 적용
되는 덕목이다. 편안하고 평화로운 가정의 모습이다.

除 舊 布 新　제구포신

덜 **제**　　예 **구**　　베풀 **포**　　새 **신**

뜻 묵은 것은 없애고 새것을 펼쳐라.

2013년 새해 희망을 담은 사자성어로 교수들은 '묵은 것을 제거하고 새로운 것을 펼쳐낸다'는 뜻의 除舊布新을 선택했다.

제구포신을 희망의 사자성어로 추천한 이종묵 서울대 교수(국문학)는 "사람들은 묵은해가 가고 새해가 오는 것을 즐거운 마음으로만 보지는 않는다. 옛사람은 이럴 때일수록 내 마음에 선과 악이 드러나기 전 그 조짐을 살피고, 세상이 맑아질지 혼탁해질지 그 흐름을 미리 살폈다"고 말하며 "낡은것은 버리고 새것을 받아들이되, 낡은것의 가치도 다시 생각하고 새것의 폐단도 미리 봐야 한다. 이것이 묵은해를 보내고 새해를 맞는 마음이며, 진정한 제구포신의 정신이다."라고 추천 이유를 밝혔다.

(2012. 12. 29. 교수신문)

제구포신은 중국 '춘추좌전'에 나오는 말이다

'송구영신送舊迎新'과 같은 의미이다. '송구영신'은 송고영신送故迎新에서 나온 말로 관가에서 구관舊官을 보내고 신관新官을 맞이했던 데서 유래由來되었다고 한다.

'송구영신'이 흔히 사용되는 성어이므로 '제구포신'으로 멋스럽게 바꾸어 쓰는 것도 좋을 듯하다.

孝 효도할 효　友 벗 우　敦 돈독할 돈　睦 화목할 목　효우돈목
淸 맑을 청　愼 삼갈 신　勤 근면할 근　儉 검소할 검　청신근검

뜻 부모에게 효도하고 형제간에 우애하며 집안의 화목을 가꾼다.
마음을 맑게 지니고 신중하며 근면하고 검소하게 산다.

이희국 사장이 엔지니어로서 성공할 수 있었던 데는 좌우명 하나가 자리
잡고 있다. 좌우명을 항상 생각하며 일했더니 LG 사장까지 오르게 됐다
는 것이다.

'효우돈목 청신근검孝友敦睦 淸愼勤儉'. 이 말은 "부모에게 효도하고 형제간
에 우애하며 집안의 화목을 가꾼다. 마음을 맑게 지니고 신중하며 근면
하고 검소하게 산다"는 의미다.

그래서인지 직원을 대하는 그의 태도에선 배려와 정이 묻어난다. 이 같은
사고방식은 '인화'를 강조하는 LG와도 찰떡궁합이다.

(2012. 7. 29. 매일경제)

퇴로 여주 이씨의 가훈이라고 한다. 후손에게 본이 되고 지켜 나가
는 가훈을 가지고 있는 것도 복이다. '수신제가修身齊家'는 가정에서 부
모로부터 배울 수밖에 없는 덕목인데, 그래서 가훈家訓이 필요하다.

2. 도전 의욕을 고취할 때

開物成務(개물성무)

乾坤一擲(건곤일척)

克己常進(극기상진)

金蟬脫殼(금선탈각)

同心同德(동심동덕)

得全全昌(득전전창)

磨斧爲鍼(마부위침)

百折不屈(백절불굴)

逢山開道 遇水架橋(봉산개도 우수가교)

射石爲虎(사석위호)

蟬蛻蛇解(선태사해)

水滴穿石(수적천석)

乘風破浪(승풍파랑)

逆水行舟 不進卽退(역수행주 부진즉퇴)

逆風張帆(역풍장범)

有志竟成(유지경성)

一氣呵成(일기가성)

一勞永逸(일로영일)

臨事而懼(임사이구)

赤手空拳(적수공권)

倜儻不羈(척당불기)

破釜沈舟(파부침주)

開 物 成 務 개물성무

열 개   물건 물   이룰 성   힘쓸 무

뜻 만물의 뜻을 깨달아 목표를 이룬다.

구본무 LG 회장이 지난달 전 계열사 업적보고회를 진행하면서 강조한 것은 '글로벌 시장 선도'였다. 1등 LG를 향해 신발 끈을 다시 조여 맬 것을 주문한 것이다. 구 회장은 "경기가 어려울 때 진짜 실력이 드러난다"면서 "여러 개 또는 최초도 중요하지만 시장을 선도할 수 있도록 완성도 높은 상품이나 서비스를 내는 것이 중요하다"고 주문했다. 이에 따라 연말 정기 임원 인사에서 성과주의를 반영해 세대교체를 단행하고, 재도약을 위해 전 사원이 마케터로 똘똘 뭉쳤다.

이처럼 새해 달라지는 LG그룹을 대표하는 사자성어는 '개물성무開物成務'다. 주역에 나온 말로 '만물의 뜻을 열어 천하의 사무를 성취한다'는 뜻이다. 사람이 아직 모르는 곳을 개발하고 이루려는 바를 성취한다는 의미로도 해석된다.

(2012. 12. 28. 매일경제)

개화開化는 '개물성무開物成務 화민성속化民成俗'에서 연유된 것으로, 모든 사물의 지극한 곳까지 궁구窮究·경영하여 일신日新하고 또 일신하여 새로운 것으로 백성을 변하게 하여 풍속을 이룬다는 뜻이다.

개학을 하여 새로운 학년을 시작하는 자녀들에게 전해줄 수 있는 문장이다.

乾 坤 一 擲   건곤일척

하늘 **건**   땅 **곤**   한 **일**   던질 **척**

뜻 승패勝敗와 흥망興亡을 걸고 마지막으로 결행하는 단판 승부.

> 건곤일척의 승부에서 승리자가 되려면 참된 의미의 근원적 경쟁력을 가
> 지고 있어야 한다.
>
> (GS그룹 허창수 회장의 임원 회의, 2010. 10. 21. 한국경제)

흔히 인생에 있어 세 번의 기회가 있다고 한다. 그리고 준비된 자만
이 이 세 번의 기회를 통하여 소위 성공할 수 있다고들 한다. 기업이
나 개인에게 모두 적용할 수 있는 덕목인데, 기회가 왔다고 생각하면
온 힘과 정성을 다하여 대응할 것이라고 누구나 생각할 것이다. 그렇
기 위해서는 항상 훈련하여 대응할 수 있는 경쟁력을 가져야 한다는
것이다.

다만, 이번이 진정한 기회인지 여부를 판단하는 것이 더 중요한 것
이다. 즉, 지금 이 순간 건곤일척의 승부수를 던질 것인가를 판단하기
가 여간 쉽지가 않다. 그래서 항상 공부하고 세상의 흐름을 읽고 있
어야만 하는 것이다.

건곤일척은 아니더라도 항상 최선을 다하여야 하는 것은 당연하다.

克 己 常 進 극기상진

이길 **극**   몸 **기**   항상 **상**   나아갈 **진**

뜻 자신을 이기고 항상 나아간다.

2010년 한화그룹 경영회의에서 김승연 회장이 천명한 올해의 방침 중에 사용한 단어로, 극기상진으로 글로벌 성장 엔진을 본격 가동해 해외시장 개척을 가속화하는 글로벌 영토 확장에 전력을 다해 매진할 것이라고 말했다.

(2010. 1. 19. 매일경제)

어느 집이나 가훈이라는 것이 있기 마련이다. 굳이 가훈까지는 아니더라도 강조하는 것이 있기 마련인데, 가훈으로 후손들에게 가르치는 것이 좋을 법한 문구이다.

'진인사 대천명盡人事 待天命'과 같은 거창한 문구를 쓰기엔 부담이 있고, '온고지신溫故知新'은 너무 구식으로 보일 때 대안으로 적절한 문장이 아닐까?

아는 어느 분은 유교의 기본 사상인 '극기복례克己復禮'를 가훈 삼아 걸어 놓으셨다는데, 가정에서 사용하기엔 이 또한 적절하지 않을까 싶다.

이 글을 받아본 여러분 중에도 본인의 좌우명座右銘이나 가훈으로 정했다는 분이 있었다. 또 붓글씨로 써 달라는 분도 있었다. 사람들은 항상 실수를 하고, 결심을 실행하지 못한다. 그래서 '극기克己'는 평생을 따라다니는 숙제인 셈이다. 그래서 좌우명으로 삼고 글씨를 써서 붙이곤 한다.

金	蟬	脱	殼	금선탈각
쇠 금	매미 선	벗을 탈	껍질 각	

뜻 매미가 허물을 벗는다.

삼성그룹이 사내 인트라넷 마이싱글을 통해 뱀의 해 '계사년'을 힘차게 시작하자는 의미로 노말지세弩末之勢·금선탈각金蟬脫殼·임중도원任重道遠 등 3개의 사자성어를 제시했다.

'매미가 허물을 벗는다'는 금선탈각은 금빛 매미가 되려면 과감히 껍질을 벗고 혁신해야 한다는 의미다. 여기에는 현재의 성공에 안주하지 말고 끊임없는 혁신을 통해 글로벌 1위 자리를 수성해야 한다는 경영진의 의지가 담겨 있는 것으로 풀이된다.

(2013. 1. 4. 아시아경제)

애벌레에서 나비나 매미로 변화하는 것은 2차원에서 3차원으로 바뀌는 것이다. 이제까지와는 다른 세상을 보게 되는 것이다. 그래서 힘든 것이다.

누구나 자신의 현재에서 벗어나고 싶은 생각을 한 번쯤은 하게 된다. 대개는 잘나갈 때보다 어렵거나 힘들 때, 다른 세계로의 변화를 모색하려고 한다. 이제와는 다른 세계로 나아가기 위해서는 '탈각脫殼'하는 마음가짐이 필요하다.

同 心 同 德 동심동덕

같을 **동** 　　마음 **심** 　　같을 **동** 　　큰 **덕**

뜻 같은 목표를 위해 다 같이 힘쓴다.

내년에 그룹 창립 60주년을 맞는 SK는 '동심동덕同心同德'을 새해 경영 화두로 제시했다.

중국 고서인 상서尚書 태서편泰誓篇에 나오는 이 말은 같은 목표를 위해 다 같이 힘쓰고 노력하는 것을 뜻한다.

SK 관계자는 "구성원 모두가 일치단결해 기업가치 300조 원 도약을 이뤄 내겠다는 의미"라고 설명했다.

동심동덕은 김창근 SK케미칼 부회장이 최근 발간된 그룹 사보에서 내년도 SK케미칼 경영 방향으로 제시한 화두이기도 하다. 이후 김 부회장이 최고 의사결정기구인 수펙스(SUPEX) 추구협의회 의장에 선임됨에 따라 그룹 차원의 경영 화두로 격상됐다.

김창근 SK케미칼 부회장이 수펙스 추구협의회 의장으로 계열사 간 조정 역할을 수행할 예정이다. 김 의장은 다음 달 2일 신년교례회 주재를 시작으로 그룹 수장으로 공식 데뷔한다.

(2012. 12. 28. 매일경제)

　가정이든 기업이든 어려움을 극복하기 위해서는 구성원들의 일치단결이 필요하다.

　신혼부부에게 축하하는 문장으로 전해주기 제격이고, 신규 TF 출범식에서도 적용할 수 있겠다.

得 全 全 昌　득전전창
얻을 **득**　완전할 **전**　완전할 **전**　창성할 **창**

뜻 일을 도모할 때 만전을 기해야 번창한다.

삼성그룹의 내년 경영 화두를 사자성어로 표현하면 '득전전창得全全昌'이라고 할 수 있다.

중국 한나라 때 일이다. 매승이라는 문인이 한나라 오왕에게 올린 상소문에는 '득전자전창得全者全昌 실전자전망失全者全亡'이라는 대목이 나온다.

안대회 성균관대 한문학과 교수는 "무릇 일을 도모할 때 만전을 기하는 사람은 완벽한 성공과 번창을 이루지만 그렇지 못하면 실패해 망한다는 뜻"이라며 "득전전창은 중국의 역사서 『사기史記』에서도 발견된다."고 말했다. 이는 나라를 다스리는 정치인뿐 아니라 기업 경영에도 적용될 수 있는 말이다.

삼성의 내년 움직임이 딱 이렇다. 삼성은 올해 삼성전자를 앞세워 사상 최대 경영실적을 달성했지만 이건희 삼성전자 회장은 임직원들에게 자만하지 말라고 늘 주문한다. 신사업, 신제품, 신기술에 삼성의 미래가 달려 있다면서 새로운 도전과 혁신을 쉴 새 없이 주문하는 이 회장의 경영 행보는 매사에 만전을 기하는 '득전자'의 자세다.

(2012. 12. 28. 매일경제)

'자만自慢'이 가장 큰 적이다.

磨 斧 爲 鍼 마부위침

갈 **마**　도끼 **부**　할 **위**　침 **침**

뜻 '도끼를 갈아 바늘을 만든다'는 뜻으로, 아무리 이루기 힘든 일도 끊임없는 노력努力과 끈기 있는 인내忍耐로 성공成功하고야 만다는 뜻.

> 장·차관들은 마부위침의 자세로 임해 달라.
>
> (2010년 장차관 워크숍에서 이재오 장관의 말, 2010. 9. 6. 중앙일보)

　소관법안의 국회 통과를 위하여 의원 출신 장관들이 소관법안 통과를 책임져 달라고 부탁하면서 했던 말이라고 한다.

　중국 고사에 나오는 말인데, 다소 과장된 말이다. 불가능해 보이는 일도 계속하여 도전하면 가능하다는 의미로 사용된다. 물방울로 바위를 뚫는다는 '수적천석水滴穿石'이라는 문장과 생각해 보면 영 불가능한 일이 아닐 수도 있다. 우리 속담에 '천리 길도 한 걸음부터'라는 말이 있듯이, 꾸준한 성실함을 요구하는 것이다.

　우수한 연구자의 가장 큰 성공 요인은 우수한 머리가 아니라 끈기라고 한다. 반복되는 실험과 분석을 통해서만 성공적인 발명이 가능하다. 끊임없이 노력하는 사람을 이길 수 있는 방법은 더 노력하는 것이다.

百 折 不 屈 백절불굴

일백 **백**   꺾일 **절**   아니 **불**   굽힐 **굴**

뜻 백번 부러져도 굽히지 않는다.

후한시대 채옹의 글에서 유래한 '백절불굴'은 어떠한 어려움에도 자신의
뜻을 굽히지 않고 소신을 지켜 나간 교현을 칭송하는 말이다.

유신이 올해의 사자성어로 이 같은 뜻의 '백절불굴'을 꼽은 것에서 결연한
의지가 엿보인다. 4대강 사업 이후 이어지는 토목산업의 침체 분위기에
꿋꿋하게 맞서겠다는 자세가 드러나기 때문이다.

박찬식 사장은 "작년 엔지니어링업계는 세계 경기불황의 여파와 국내 공
공사업 예산축소로 많은 어려움을 겪었다"며 "올해도 국내외 환경이 그리
밝진 않지만 작년의 침체된 분위기를 일신하고 '백절불굴'의 정신으로 다
시 한 번 도약하기 위해 임직원 모두 사업전선에서 최선을 다할 것"이라고
밝혔다.

(2013. 1. 11. 건설경제신문)

'칠전팔기七顚八起'라는 단어가 더 익숙하다. "열 번 찍어 안 넘어 가
는 나무 없다"는 속담도 있다. 의지가 강한 사람을 지칭하기도 하고,
어려움에 처한 사람에게 용기를 주고자 할 때 사용하기도 한다.

영업을 하는 사람으로서, 거절하는 고객을 고정 고객으로 만들기
에 필요한 덕목이 아닐까 싶다.

逢	山	開	道	봉산개도
만날 봉	뫼 산	열 개	길 도	
遇	水	架	橋	우수가교
만날 우	물 수	시렁 가	다리 교	

뜻 산을 만나면 길을 트고 물을 만나면 다리를 놓는다.

> 고사에 '봉산개도 우수가교逢山開道 遇水架橋'란 말이 있습니다. 산을 만나
> 면 길을 만들고 강을 만나면 다리를 놓아서 어려움을 극복한다는 뜻입니
> 다. 어떤 어려운 상황에서도 뜻이 있으면 극복할 수 있는 길이 있는 것입
> 니다.
>
> (2012년 박삼구 금호그룹 회장 신년사 중, 2012. 1. 2. 동아일보)

삼국지에 나오는 말이라고 한다. 적벽대전에서 패한 조조가 "산이 막혀 갈 수가 없다"는 휘하 장수의 말에 이렇게 답했다고 한다. 핑계 대지 말고, 개척하라는 의미이다.

'안 되면 되게 하라'는 말이 있는데, 문제 해결을 독려할 때 사용할 만한 말이다.

우리 속담에도 "하늘이 무너져도 솟아날 구멍은 있다."라는 말이 있다. 태풍이나 해일 등 자연재해에도 굳은 의지로 이를 극복하고 복구하는 이재민들을 바라보며, 인간의 능력은 무한함을 느낀다.

射 石 爲 虎 사석위호

쏠 **사**　　돌 **석**　　할 **위**　　범 **호**

뜻 돌을 범인 줄 알고 쏘았더니 돌에 화살이 꽂혔다는 뜻으로, 성심誠心
을 다하면 아니 될 일도 이룰 수 있음을 이르는 말. (어씨 춘추에서)

예산안·개헌문제 '射石爲虎(사석위호)'자세로 임할 것임.

(이주영 예결위원장 인터뷰 기사, 2010. 11. 16. 한국경제)

　실제로 화살이 돌에 박혔으리라 생각이 되지는 않지만, 온 힘과 정성
을 다하면 뜻을 이룰 수 있다는 자신감을 심어 주기에 적절한 성어이다.

　우리가 살면서 경험하였거나 풍문에 들었던 기적과 같은 일들은 사
실은 전심전력을 다했기 때문에 가능했다고 생각한다. 서양 속담 가
운데 "하늘은 스스로 돕는 자를 돕는다."라는 말이 있다. 간절함이
있으면 하늘도 감동하여 도와준다는 이야기이다. 이웃의 간절한 요청
을 외면할 사람은 없다. '간절함'이 기적을 가져 온다.

　어떠한 일을 함에 있어 자신을 독려하고 최선을 다한다는 의미에서
'진인사 대천명盡人事 待天命'이나 '배수진背水陣'과 같은 문구를 사용하기
도 한다. 이 문구가 너무 식상해 보일 때 대안으로 적절한 문구가 아
닐까?

蟬 蛻 蛇 解 선태사해

매미 **선**   허물 **태**   긴 뱀 **사**   풀 **해**

🔲 매미가 껍질을 벗고, 뱀이 허물을 벗는다는 뜻.

> 업계 부동의 1위인 도화엔지니어링은 올해 사업전략으로 '껍질을 벗겠다'
> 고 말했다. 〈손자병법〉에 나오는 금선탈각金蟬脫殼과 같은 맥락의 사자성
> 어를 꼽은 것은 우연이 아니다. '금선탈각'은 금빛 매미가 되기 위해 껍질
> 을 과감하게 벗어 던진다는 뜻이다. 매미와 뱀 모두 더 큰 존재로 성장하
> 기 위해 허물을 벗는다.
> 이윤한 사장은 "잘못된 구태가 있다면 과감히 벗어던지고 새로운 모습으
> 로 시작하겠다"며 "그동안의 잘못된 관행, 업무프로세스를 모두 과감하게
> 혁신하고 글로벌 경쟁력을 구축해 더 넓은 세계시장에 공격적으로 진출
> 할 것"이라고 밝혔다.
>
> (2013. 1. 11. 건설경제신문)

조직에서 '개혁'을 한다고 할 때마다 나오는 이야기가 '변해야 한다'는 것
이다. 세상은 변했는데 자신과 자신의 조직만 변화가 없다고 생각한다.

'개선' 보다는 좀 더 큰 차원에서의 변화를 '개혁'이라고 한다. 개혁
은 기존의 가치를 버리는 것에서 출발한다. 그래서 개혁을 주도하는
사람은 기존의 사람으로선 가능하지가 않다. 그래서 '인적 쇄신'이라
는 말이 나오는 것이다.

水 滴 穿 石 수적천석
물 수   물방울 적   뚫을 천   돌 석

뜻 물방울이 돌도 뚫는다.

현대차 그룹의 새해 경영 화두를 가장 잘 나타내는 사자성어는 '수적천석
水滴穿石'이다. '물방울이 돌도 뚫는다'는 뜻이다. 송나라 나대경羅大經의
학림옥로鶴林玉露에서 유래됐다.

중국 숭양 지방을 다스리던 장괴애가 관청 창고에서 엽전 하나를 훔친 하
급 관리를 체포했다. 그를 잡아 놓고 곤장을 치려 하자 지켜보던 여러 관
리들이 "그까짓 엽전 하나 때문에 중벌을 내리는 건 너무하지 않느냐"며
항의했다. 이를 듣고 장괴애는 크게 화가 났다. "하루에 엽전 한 냥은 천
일이면 천 냥이 된다. 물방울이 돌도 뚫는다." 결국 곤장으로 끝날 것을
장괴애는 문제의 관리를 사형시켰다.

현대차는 올해 '연비 과장' 논란과 벨로스터 선루프 파열 등 적지 않은 문제
에 직면했다. 다행히 선제적이고도 적극적인 대응으로 위기를 넘겼다. 하지
만 방심하면 언제 다시 더 큰일이 벌어질지 아무도 알 수 없다.

이 때문인지 정 회장은 "새해엔 품질경영을 다시 한 번 되새기고 그 가치
를 더욱 업그레이드해야 한다"고 강조했다.

(2012. 12. 28. 매일경제)

"티끌 모아 태산"이라는 속담이 생각난다.

乘 風 破 浪 승풍파랑

탈 승 　바람 풍 　깨뜨릴 파 　물결 랑

뜻 '바람을 타고 물결을 헤쳐 나간다'는 뜻으로, 원대한 포부를 비유하는 고사성어다.

주력기업인 현대상선의 적자에다 대북관광사업 중단이란 악재로 벼랑 끝에 내몰린 현정은 현대그룹 회장은 연초 '승풍파랑(乘風破浪, 바람을 타고 파도를 헤쳐 나간다)'으로 난관극복의 각오를 다졌다.

(2010. 6. 21. 제주일보)

각 그룹마다 연초에 임직원을 격려하게 되는데, 각자의 상황에 맞추어 사자 성구를 선정하나 보다.

어려움이 처했음에도 이를 내색하지 않고 희망적인 태도와 자신감으로 구성원을 이끌어야하는 것이 리더의 숙명이다. 우선 자신부터 자신감을 회복하고 희망적인 모습을 그릴 수 있어야 구성원들에게 희망적인 모습을 전해줄 수가 있다. 그래서 경영자는 어쩔 수 없이 낙천가이어야 하고 적극적이어야 한다.

중국 남북조시대의 장군인 종각이 어릴 때, 그의 숙부가 장차 무엇이 되고 싶으냐고 물었다. 종각은 "거센 바람을 타고 만 리의 거센 물결을 헤쳐 나가고 싶습니다願乘長風破萬里浪"라고 대답하여 숙부를 탄복하게 만들었다고 한다. '장풍파랑長風破浪'이라고도 하며, '뜻이 원대함'을 나타내기도 한다.

逆 水 行 舟　역수행주
거스릴 역　물 수　갈 행　배 주

不 進 卽 退　부진즉퇴
아닐 부　나아갈 진　즉 즉　물러날 퇴

뜻 물을 거슬러 오르는 배는 나아가지 않으면 후퇴한다.

김종창 금융감독원장은 13일 포럼 축사에서 '물을 거슬러 오르는 배는
나아가지 않으면 후퇴한다'는 논어에 나오는 고사성어를 소개하며 금융
산업이 끊임없는 도전에 나서야 한다고 주문했다.

(2010. 12. 14. 매일경제)

원문은 '學問如逆水行舟 不進則退(학문여역수행주 부진즉퇴)'로 청나라 말
기의 좌종당이란 정치가의 말이다.

'학문을 하는 것은 물을 거슬러 올라가는 배와 같아서, 끊임없이 정
진하지 않으면 후퇴하는 것이다'라는 의미에서 나온 문구라고 한다.
학문뿐만 아니라 기업도 성장하지 않으면 후퇴하게 되는 것이다.

경쟁사가 있고 고객의 욕구도 변하기 때문에, 끊임없이 변화하고 전
진하지 않는다면 기업의 미래도 후퇴하게 되는 것이 생태계의 기본임
을 다시금 되살리게 된다.

逆 風 張 帆　역풍장범

거스를 **역**　바람 **풍**　베풀 **장**　돛 **범**

뜻 맞바람을 향해 돛을 펴다. 어려움이 있더라도 예정대로 밀고 나가다.

> '맞바람을 향해 돛을 펴라(역풍장범·逆風張帆).'
> 글로벌 경제 위기에 움츠리지 않고 정면 돌파하겠다는 의지가 실려 있다.
> 불안한 세계 경제, 급속한 고령화는 모두에게 부담이지만 거센 바람에 후
> 퇴하지 않고 돛을 올려야 할 시점이다. 양질의 일자리 창출은 신성장 동
> 력을 키워 경제를 살리는 방법 외에는 대안이 없기 때문이다.
>
> (2012. 11. 19. 매일경제)

　2013년도 작년과 같이 힘든 한 해를 보내는 것 같다. 개인은 물론 기업도 세계 경제의 침체로 어려움을 토로하고 있다.

　기업이든 가정이든 리더는 어려운 와중에서도 희망을 이야기하여야 하고, 어려움을 극복하려는 의지를 보여야 한다. 또한 어려움을 함께 극복할 수 있도록 솔선수범하고 독려하여야 한다.

　매월, 매 분기 시작 시점에 화두로서 던져볼 만한 문장이다.

有 志 竟 成 유지경성

있을 **유**　　뜻 **지**　　마침내 **경**　　이룰 **성**

뜻 '뜻이 있어 마침내 이루다'라는 뜻으로, 이루고자 하는 뜻이 있는 사람은 반드시 성공한다는 것을 비유하는 고사성어.

우연히 친지 결혼식이 있어 LH공사 본사를 방문하였는데, 1층 로비 정면에 대형 글씨로 '유지경성有志竟成'이라는 글씨가 걸려 있었다. 작품의 낙관이 경인년 초니까 2010년 초로 예상되는데, 이지송 사장이 취임하면서 LH공사 개혁을 추진하겠다는 의지를 표현하며 내걸었던 문구인 듯하다.

보통 연초에 연간 목표를 세우고 이를 달성하고자 책상머리에 한자를 써 두고 자신을 독려하기도 한다. 올해도 어떤 문구로 정할까 고민을 하던 차에 LH 본사에서 그 해답을 찾았다. 수험생인 아들 녀석을 격려하기 위해 네 글자를 써서 아들놈 방문에 그리고 내 사무실 앞에 붙여 놓았다. 올해는 뜻한 것을 모두 이룰 수 있길 기대하는 마음으로 눈에 잘 보이는 곳이 붙여 놓았다.

지인도 동일한 마음인지 한 글씨 부탁해서 보내 드렸다. 수험생을 둔 모든 부모의 심정이 이와 같으리라 생각한다. 올해도 뜻한 바 모두 이룰 수 있길 기대해 본다.

一 氣 呵 成 일기가성
한 **일**   기운 **기**   꾸짖을 **가**   이룰 **성**

뜻 일을 단숨에 몰아쳐 해내다.

청와대는 30일 2011년 신묘년辛卯年의 사자성어로 '일기가성—氣呵成'을
선정했다고 밝혔다.

일기가성은 일을 단숨에 매끄럽게 해낸다는 의미로, 좋은 기회가 주어졌을
때 미루지 않고 이뤄야 한다는 뜻이다. 또 문장의 처음과 끝이 일관되고 빈
틈없이 순리에 따라 짜였다는 의미를 담고 있다고 청와대 측은 설명했다.

일기가성은 16세기 중국 명나라 시인이자 문예비평가인 호응린이 두보의
작품 '등고登高'를 자신의 시 평론집『시수詩藪』에서 평한 데서 따왔다.

(2010. 12. 31. 파이낸셜 뉴스)

기업을 운영하거나 조직을 통솔할 때 리더의 기대대로 움직이지 않
는 경우가 있다. 리더로선 어떻게 조직원들의 마음을 움직일까가 항상
숙제인데, 그래서 혁신이라는 이름으로 구성원들을 독려하기도 한다.
그러나 혁신 활동도 계속되면 피로감으로 성과가 미진하게 되므로, 기
회가 되면 몰아쳐서 성과를 거두도록 하는 것이 적절한 방법이다.

'한 방에 끝낸다'는 각오로 9회 말 공격에 임하는 야구 선수의 심정
을 잘 표현하는 성어이다.

一 勞 永 逸　일로영일

한 **일**　　일할 **로**　　길 **영**　　편안할 **일**

뜻 지금의 노고를 통해 오랫동안 안락을 누림.

> 박재완 청와대 국정기획수석은 "재임 중 각고의 헌신을 다해 나라를 반석 위
> 에 올려놓고, 다음 정부와 다음 세대에게 선진 일류 국가를 물려주자는 이명
> 박 대통령의 각오를 담아 새해 신년 화두를 선정했다"고 밝혔다.
> 이번 신년 화두는 사회 각계 인사들로부터 추천받은 40여 개 중에서 골
> 랐으며, 정범진 전 성균관대 총장이 추천했다고 덧붙였다.
>
> (2010. 1. 2. 강원도민일보)

연초에 신사업팀장으로 발령을 받고 이 문장을 변형하여 책상머리
에 붙여 놓았다.

"一勞十計 - 1년 고생하여 10년을 계획하자."

한 번 고생하여 오랫동안 평안함을 누릴 수만 있다면 누가 그 고생
을 마다하겠는가? 그러한 것을 찾기 위해 노력은 하지만 찾는 사람은
많지 않다.

대학가에서 고시에 몰두하고, 로스쿨과 의대 편입에 전력을 다하는
것은 일생의 안락을 위해서라고 판단된다. 히트 친 노래 한 곡으로 평
생동안을 유명 가수, 유명 작곡가가 되기도 한다. 하지만 현실에서는
어떠한 직업도 끊임없는 노력과 학습 없이는 편안함도 유지될 수가
없다. 매년 초에 한 번쯤은 생각해 볼만한 성어이다.

臨 事 而 懼 임사이구

임할 **임**　　일 **사**　　어조사 **이**　　두려울 **구**

뜻 어려운 시기, 큰일에 임해 엄중한 마음으로 신중하고 치밀하게 지혜를 모아 일을 잘 성사시킨다는 뜻.

이명박 대통령은 29일 2012년 임진년壬辰年 신년 화두를 '임사이구(臨事而懼, 어려운 시기, 큰일에 임하여 엄중한 마음으로 신중하고 치밀하게 지혜를 모아 일을 잘 성사시킨다)'로 선정했다. 이 대통령이 '임사이구'를 신년 화두로 선정한 것은 많은 변화와 불확실성이 예상되는 2012년에 신중하고 치밀하게 정책을 추진하며 유종의 미를 거두고자 하는 의지를 담은 것이라고 박정하 청와대 대변인은 전했다.

(2011. 12. 29. 동아일보)

이 말은 『논어論語』술이述而편에 나온 말인데, 세종실록에서 이를 해석한 문장이 나온다고 한다.

"臨事而懼 好謀而成. 臨事而懼 謂不可無畏也. 好謀而成 謂不可徒畏也."
(큰일을 함에 있어 두려움을 가지고 임하되, 도모하여 이루어야 한다. 臨事而懼라는 말은 일을 함에 있어 두려움이 없으면 안 된다는 것이요, 好謀而成은 단지 두려워만 해서는 안 된다는 것이다.)

새로운 업무를 부여하거나 신규 TF를 추진하는 상사가 부하에게 전해줄 수 있는 성어이다. 글씨로 써 두고 싶은 문장이다.

赤 手 空 拳 적수공권
붉을 **적**　　손 **수**　　빌 **공**　　주먹 **권**

뜻 맨손과 맨주먹이란 뜻으로, 곧 아무 것도 가진 것이 없음.

> "7년 전만 해도 에너지저장시스템(ESS)에 대해 얘기하면 미친 사람 취급을
> 받았어요. 하지만 지금은 어떻습니까. 내로라하는 에너지 기업, 특히 2차 전
> 지 선두 주자들이 뛰어들고 있는 게 바로 에너지저장시스템 사업입니다. 모
> 두가 말릴 때 저는 ESS 시장에 뛰어들기로 결심했지요."
> 최근 경기도 안산공단에서 만난 홍지준 코캄 회장은 자신감에 넘쳤다. 홍
> 회장은 학연과 지연, 그 어떤 연줄의 힘을 빌리지 않고 적수공권으로 코
> 캄을 차린 인물이다.
>
> (2012. 10. 21. 매일경제)

　적수赤手는 '아무것도 갖지 않은 상태'를 의미한다. 요즈음 흔히 쓰
이는 백수白手는 '아무것도 끼거나 갖지 아니한 손'을 의미한다. 즉, 적
수는 아기의 손과 같이 '처음부터 가진 것이 없는 상태'를 의미하며,
백수는 '현재 없다'는 의미로 과거에는 있을 수 있었다는 이야기이다.
홍 회장이 적수였는지 백수였는지는 알 수 없으나, 창업으로 성업한
인물임에는 틀림이 없다.

　'맨주먹으로 일어섰다'는 말을 자주 사용하는데, 이 의미에 적합한
성어이다.

倜 儻 不 羈 척당불기

기개 있을 **척**　　배어날 **당**　　아니 **불**　　굴레 **기**

> 뜻 기개氣槪가 있고, 뜻이 커서 남에게 눌려 지내지 않음을 이르는 말.

홍준표 대표는 이날 첫 기자회견에서 "비주류였던, 계파 없는 저를 당 대
표로 뽑아준 것이 한나라당의 변화"라며 "당의 위기를 척당불기의 정신
으로 헤쳐 나가겠다"고 말했다.

(한나라당 대표로 선출된 후 인터뷰에서, 2011. 7. 4. 한겨레신문)

　한漢나라 때 허신許愼이 찬한 『설문說文』에는 "척당倜儻은 불기不羈이
다."라고 하였으며, 『사기정의史記正義』에는 "불기不羈란 재주와 지식이
높고 원대하여 가히 묶어둘 수 없음을 말한다."라고 기록되어 있다고
한다. 대단한 자부심이나 자심감이 있지 않으면 사용하기 쉽지 않은
문장이다. 대단한 기개인 셈이다.

　새로이 사회생활을 시작하는 직장인이나 자기 사업을 시작하는 젊
은 경영자에게 화두로 던질 만하지 않을까 싶다. 배우는 학생에게 선생
님이나 부모가 전해줄 수 있는 문장으로 호연지기浩然之氣가 생각난다.

　잘 사용하지 않는 사자성어를 찾아내서, 자신의 의지를 표현하고자
하는 것은 대단한 노력이고 자부심이다. 하지만, 남들과는 다르다는
교만함도 보이는 면이 있다.

破 釜 沈 舟 파부침주

깨뜨릴 **파** 솥 **부** 잠길 **침** 배 **주**

뜻 밥 지을 솥을 깨뜨리고 돌아갈 때 타고 갈 배를 가라앉힌다는 뜻으로, 살아 돌아오기를 기약하지 않고 결사적 각오로 싸우겠다는 굳은 결의를 비유하여 이르는 말.

> 진秦나라를 치기 위해 군사를 일으킨 항우項羽가 쥐루鉅鹿의 싸움에서, 출진出陣에 즈음하여 타고 온 배를 가라앉히고 사용하던 솥을 깨뜨렸다는 고사에서 온 말.
> SK 최태원 회장이 중국 사업 적극 추진을 천명하면서 사용한 단어이고, 허정무 감독이 나이지리아전을 앞두고 적극 공격을 하겠다고 다짐하며 사용한 단어이다.
>
> (2010. 7. 1. 일간지 중에서)

『삼국지』 제갈량의 '배수진背水陣'과 같은 의미인데, 좀 더 고상해 보이는 사자성어이다. 입시를 준비하는 수험생이나 새로운 사업을 시작하는 사업가, 혁신 활동을 시작하는 직장인에게 전해주고 싶은 성어이다. 결의를 다지는 의지의 표현이다. 책상머리에 붙여 놓든가, 결의를 다지는 구호로 사용하면 멋스럽지 않을까? 파부! 침주!

3. 책임을 강조할 때

季 布 一 諾 계포일락
끝 **계** 베풀 **포** 한 **일** 허락할 **락**

뜻 계포가 한번 한 약속. 즉 결코 번복되지 않는 믿음직한 약속을 가리킴.

> 중국 초楚나라 사람 계포季布는 한번 한 약속은 끝까지 지켰다고 한다. 그래서 "계포일락季布一諾은 천금보다 중하다."는 격언이 있다.
> G20은 정책 공조 약속을 무겁게 여기고 실천하는 계포일락의 교훈을 새겨들어야 한다. G20 리더십의 핵심은 신뢰다. 한국은 이번 회의에서 G20 회원국들에 약속의 중요성을 상기시키는 한편 상생의 공약수를 찾아내는 데 적극 참여할 것이다.
>
> (현오석 부총리 기고문, 2013. 8. 27. 중앙일보)

초나라 항우 밑에서 활약하던 장수인 계포와 관련된 속담으로 "황금 백 근보다 계포의 한 번 승낙이 더욱 값지다."라는 말이 있었다고 한다.

사회 지도층이나 리더의 약속은 번복되거나 수정되지 않아야 한다. 누구나 실수는 할 수 있어 한 번은 양해가 되나 같은 일이 반복되면 리더가 신뢰를 잃게 된다. 한 번 떨어진 신뢰를 회복하기란 참으로 힘들고 오랜 시간이 걸린다. 그래서 섣부른 약속은 하지 말아야 한다.

이참에 아무도 안 믿을 문장 하나 만들어 볼까?

'의송일락毅松一諾'

克 己 復 禮 극기복례

이길 **극**　　몸 **기**　　회복할 **복**　　예도 **례**

뜻 자기의 욕심을 누르고 예의범절을 따르다.

> 안연이 인仁을 묻자 공자는 극기복례克己復禮, 즉 '자신을 극복하여 예로
> 돌아감'이라고 정의했다. 주자학은 여기 인仁을 인간의 '본성'이라고 했다.
> 즉 인仁이란 '성취'해야 할 대상이 아니라 돌아가야 할 '고향禮是自家本有底'
> 이라고 말했던 것이다. 그 고향의 풍경 속에는 공감과 배려仁뿐만 아니라
> 정의감義, 균형감과 판단력智, 그리고 적절한 태도禮가 들어 있다.
>
> (한형조 교수의 '교과서 밖 조선 유학'에서, 2010. 9. 12. 중앙선데이)

　지인이 나에게 '극기복례' 네 글자를 붓글씨로 써 달라고 부탁을 했
다. 가훈 삼아 집에 걸어 놓겠다고 한다. 덕분에 나도 논어를 찾아 공
부도 하였다. 논어라는 것이 기원전 공자의 이야기이지만 현대에 사
는 우리들에게도 통하는 것은 사람은 인간관계 속에 살아가기 때문
이다. 후배와 후손에게 살아가는 방법을 가르쳐 주어야 하는 것이 선
배와 부모가 해야 할 일이다.

　故 김수환 추기경께서 하신 말씀이 생각난다.

"내 탓이오."

모두가 이 말을 기억하면 인간관계는 해결될 것 같다.

老 馬 之 智　노마지지

늙을 **노**　말 **마**　갈 **지**　지혜 **지**

> **뜻** 아무리 하찮은 것일지라도 저마다 장기長技나 장점을 지니고 있다.

세상에는 젊음의 패기와 열정만으론 풀어낼 수 없는 일들이 있는 법이다. 아프리카 말리 출신의 역사·종교학자이자 문학가인 아마두 햄파테바는 아프리카에서 노인 한 명이 숨을 거두는 것은 도서관 하나가 사라지는 것과 같다고 했다. 거친 세상을 살아가면서 얻은 지혜는 무엇보다도 소중하다는 뜻이다.

디지털시대에 노인이 설 자리는 점점 줄어들고 있지만 노년의 지혜가 빛나는 경우는 얼마든지 있다.

('천자칼럼', 이정환 위원, 2010. 11. 11. 한국경제)

은퇴가 다가온 베이비붐 세대의 새로운 일자리 창출이 사회적인 이슈가 되었다. 은퇴자의 지혜를 활용할 수 있는 지혜를 발휘할 때이다.

未　雨　綢　繆　미우주무
아닐 미　비 우　얽을 주　얽을 무

뜻 비가 오기 전에 올빼미가 둥지의 문을 닫아 얽어맨다는 뜻으로,
화가 싹트기 전에 미리 방지防止함을 이르는 말.

"가상재화는 국가 간 경계, 수송비 부담이 없는 진정한 자유무역 상품으
로 언어 장벽까지 허물며 글로벌 상품으로 부상할 겁니다."

이석채 KT 회장은 "통신사가 더 확장될 가상공간에서 리더십 발휘를 위해
스스로 가상재화를 생산·유통할 수 있는 역량을 확보하고, 구글과 아마존
에 대응해 효과적이고 혁신적인 브로드밴드 네트워크를 구축해야 한다"고
강조했다. 연설 말미에는 '미우주무(未雨綢繆, 비가 오기 전에 창문을 수리한다)'
라는 중국 격언을 언급하며 "지금이야말로 미래를 위해 통신사 스스로 지
혜를 모아 가상공간 경제에 대비해야 할 시기"라고 재차 강조했다.

(2013. 06. 26. 머니투데이)

'유비무환有備無患'이라는 단어가 생각난다.

문제는 무엇을 준비해야 하는지를 모를 때이다. 그래서 선인들의 지
혜가 필요하고, 선배의 충고나 조언을 구해야 하는 것이다.

負 重 致 遠 **부중치원**

질 **부**　　무거울 **중**　　보낼 **치**　　멀 **원**

뜻 무거운 짐을 지고 먼 곳까지 간다는 뜻으로, 중요重要한 직책職責을 맡을 수 있다는 말.

> 방통처럼 인재를 식별할 식견이 있다면 얼마나 좋으랴만 그렇지도 못하니 그저 있는 재주, 없는 관심 다 기울여 '찰언관색(察言觀色, 말을 살피고 표정을 관찰하여 속마음을 헤아리다)'하여 투표하고, 그저 당선된 사람들이 '부중치원'의 인재가 되시옵기를 하늘에 빌밖에!
>
> (김성곤 교수 기고문, 2010. 5. 31. 방송통신대 신문)

지방선거를 앞두고 기고한 글이다.

경영자 입장에서 사람을 채용한다는 것은 먼 미래까지 감안해서 채용 여부를 결정한다. 특히 중책을 맡길 경우에는 조직 내에서의 영향도가 크므로 신중하게 결정하게 된다. 맡기는 사람이나 맡는 사람이나 서로 신뢰하고 먼 곳까지 같이 갈 수만 있다면 이보다 더 좋은 일이 있으랴마는 서로의 입장 차이로 그렇지 못함이 아쉬울 때가 많다.

일모도원日暮途遠, 날은 저물어 오는데 갈 길은 멀다. 조직의 책임자나 경영자가 항상 겪는 외로움은 이러한 심정에서 기인하는 경우가 많다. 그래서 이러한 심적 부담을 가지는 조직의 책임자나 경영자는 대접을 받아야 한다.

不 飛 不 鳴   불비불명

아니 **불**   날 **비**   아니 **불**   울 **명**

뜻 날지도 않고 울지도 않는다.

> 민주통합당 문재인 상임고문은 17일 "소수 특권층의 나라가 아니라 보통
> 사람이 주인이고, 편을 가르지 않고 함께 가는 진정한 '우리나라'의 대통
> 령이 되겠다"며 대선 출마를 선언했다.
> 문 고문은 이날 서대문 독립공원에서 불비불명(不飛不鳴, 큰일을 하기 위해 때
> 를 기다린다는 뜻)이라는 고사를 제시하고 "그동안 정치와 거리를 둬 왔지만
> 암울한 시대가 저를 정치로 불러냈다"며 대선 출정식을 치렀다.
> 그는 "더 이상 남쪽 가지에 머무를 수 없었다"면서 "이제 저는 국민과 함
> 께 날고 크게 울겠다"고 덧붙였다.
>
> (2012. 6. 18. 매일경제)

『사기史記』의 '골계열전滑稽列傳'에 나오는 말이다. 제齊나라 위왕威王은
놀이만 즐기며 정사는 돌보지 않아 국가 질서가 잡히지 않았다. 이때
순우곤淳于髡이 위왕에게 '3년 동안 날지도 않고 울지도 않은不蜚不鳴
새'가 무슨 새인지 물었다. 위왕은 '한번 날면 하늘에 오르며, 한번 울
면 사람을 놀라게 할 것'이라고 대답하였다. 순우곤의 의도를 알아챈
위왕은 비로소 정사를 정상적으로 돌보았다고 한다.

死 而 後 已 사이후이

죽을 **사**　어조사 **이**　뒤 **후**　이미 **이**

뜻 죽고 나서야 그만둔다.

이명박 대통령은 마지막으로 "오직 겸허한 마음가짐과 사이후이死而後已
의 각오로 더욱 성심을 다해 일하겠다. 다시 한 번 국민들께 머리 숙여 죄
송하다는 말씀을 드린다"며 재차 사과했다.

이명박 대통령이 24일 대국민 사과 담화문에서 '사이후이死而後已'를 언급
했다. 사이후이는 '죽고 나서야 그만둔다'는 뜻으로 어떤 일을 할 때 최선
을 다하겠다는 말이다. 사이후이는 삼국지와 논어에 나온다.

제갈량諸葛亮이 위나라를 공격하기 전에 출사표 후편에서 다음과 같이 말
했다.

"한漢나라의 위업은 익주益州 같은 변경에 안주할 수가 없습니다. 반드시
위나라를 멸망시켜 천하를 통일하고 왕업을 중원에 확립해야 합니다. 신
은 이 소원을 성취하기 위해 전력투구하고 죽고 나서야 그만둔다[死而後
已]는 각오로 출정합니다."

(2012. 7. 24. 뉴데일리)

'배수진背水陣을 친다'는 말이 생각나고, 이순신 장군의 '생즉사 사즉생生
卽死 死卽生'이라는 말이 떠오른다. 한편으로는 평생 동안 행할 가치 있는
일을 이야기할 때 사용할 수 있겠다. 평생학습이라는 말이 있듯이…

先 憂 後 樂 선우후락

먼저 선　근심 우　뒤 후　즐길 락

뜻 '다른 사람보다 먼저 근심하고 즐길 것은 나중에 한다'는 의미다.

하반기 수출시장 환경이 그리 낙관적이지만은 않다면서 그는 수출 기업
들에 "미래를 대비하는 '선우후락'의 자세가 우리 수출업계에 필요하다"고
강조했다. (코트라 조환익 사장의 취임 2주년 기념 간담회)
'선우후락'은 '다른 사람보다 먼저 근심하고 즐길 것은 나중에 한다'는 의미다.

(2010. 7. 22. 매일경제)

　조환익 대표의 취임 2주년을 맞아 연임이 될 듯하다는 기사와 함께
언급된 문구이다.

　연임을 한다는 좋은 소식을 접하고도 좋아하기보다는 먼저 염려하
는 자세에서 긍정적이라는 의미이다.

　기사에도 있지만 수출 환경이 어려운 시기에 연임을 하게 되어 본인
은 물론 조직 구성원 모두에게 정신적 긴장을 하자는 의미에서 사용
했으리라 생각한다.

　경영자의 고객은 다양하다. 다양한 고객의 입장을 맞추면서 자신
의 성과를 거두기는 정말로 쉽지 않은 일이다. 현재를 즐기기보다는
미래를 먼저 생각해야 하는 것이 경영자의 숙명인 듯하다. 그래도 즐
길 줄 아는 경영자를 우리는 더 좋아한다.

隨 處 作 主　수처작주

따를 수　　곳 처　　지을 작　　주인 주

뜻 어디서나 어떠한 경우에도 얽매이지 않아 주체적이고 자유자재함.

'수처작주隨處作主'는 '이르는 곳마다 참 주인이 되라'는 의미의 사자성어다. 이웅범 LG이노텍 대표가 CEO까지 오르면서 인생의 좌표로 삼고 있는 금언이기도 하다. 이 대표는 임직원을 만날 때마다 이렇게 얘기한다. "어느 곳에서 일을 하더라도 최선을 다하는 사람은 그곳의 주인이 될 수 있습니다. 여러분은 무슨 일을 하든 내가 주인이라는 생각을 잊지 말았으면 합니다. 그래야 애착이 가고 자신감이 생깁니다."

(2012. 6. 18. 매일경제)

'수처작주 입처개진隨處作主 立處皆眞'의 일부분이다.

가는 곳마다 주인이 되고 서는 곳마다 참되게 한다는 뜻으로 임제 의현臨濟 義玄의 설법으로 『임제록』에 나오는 말이다.

달리 표현하면 "언제 어디서나 주체적일 수 있다면, 그 서 있는 곳이 모두 참된 곳이다."라고 해석할 수도 있다.

현재 하고 있는 일에 의미를 부여하고 일의 당위성에 대해 스스로 확신을 가지는 것이 무엇보다 중요하다. '주인의식'을 가져 달라고 항상 강조하지만, 경영자 입장에서는 항상 부족한 모양이다.

修 合 無 人 見　　수합무인견
닦을 수 합할 합 없을 무 사람 인 볼 견

存 心 有 天 知　　존심유천지
있을 존 마음 심 있을 유 하늘 천 알 지

뜻 비록 사람들은 못 보지만 하늘은 그 심혈을 안다.

> 동인당을 창업한 사람은 저장성 출신의 낙현양이라는 사람이다. 의사 집
> 안 출신으로 이곳저곳에서 약재를 팔던 그가 베이징 첸먼에 동인당이라
> 는 간판을 내건 것은 1669년이다. 당시 그는 약방 벽면에 "비록 사람들은
> 못 보지만 하늘은 그 심혈을 안다修合無人見,存心有天知."라는 글귀를 써 붙
> 였다. 정성과 재료값을 아껴서는 좋은 약을 만들 수 없다는 그의 지론이
> 담긴 말이다.
>
> (조주현의 '천자칼럼', 2012. 9. 3. 한국경제)

　가끔 언론에서 불량식품에 대한 비평 보도를 접하면서 떠오르는
단어이다. 일반인이 먹는 식품이나 의약품 등에서 품질 관리의 중요
성은 아무리 강조해도 지나치지 않다. 매일 방문하는 동네 식당은 물
론이거니와 전국적으로 판매되는 식품을 제조, 판매하는 사람들이
명심해야 할 금과옥조金科玉條와 같은 문장이다.

<table>
<tr><td>安</td><td>居</td><td>樂</td><td>業</td><td>안거낙업</td></tr>
<tr><td>편안할 안</td><td>살 거</td><td>즐거울 낙</td><td>업 업</td><td></td></tr>
</table>

뜻 편안히 살고 즐겁게 일한다.

> 박근혜 전 새누리당 비상대책위원장이 21일 "모든 국민들이 안거낙업(安居
> 樂業, 편안하게 살고 즐겁게 일하다)하는 나라를 만드는 게 꿈"이라고 밝혔다.
> 박 전 위원장은 이날 이화여대 정책과학대학원 여성 최고 지도자 과정 주
> 최로 서울의 한 호텔에서 열린 초청 특강에서 "정치의 존재 이유는 안거
> 낙업으로, 국민 생활의 불안을 해소하는 차원에서 일자리, 복지, 경제민
> 주화 등을 논의해야 하는 것"이라며 이같이 밝혔다. 안거낙업은 『노자』에
> 나오는 표현으로, 박 전 위원장이 평소 강조해 온 정치관이다.
>
> (2012. 5. 21. 경향신문)

노자의 『도덕경』에서 유래되었다. 노자 당시는 잦은 전쟁이 일어나
던 시대였기 때문에 전쟁으로 인한 국가의 수탈이 극심하였다. 노자
는 국가가 백성의 생활에 간섭하지 말고 편안한 삶을 제공해 줄 것을
기대하였다.

후한後漢 시대의 중장통仲長統이 지은 『창언昌言』에도 "편안하게 살면
서 자신이 하는 일을 즐거워하며 자손들을 양성하면 천하가 편안해
질 것이다安居樂業, 長養子孫, 天下晏然."라고 하였다.

정치인뿐만 아니라 어떠한 조직의 책임자라면 당연히 추구해야 할
목표임에 틀림이 없다. 가장을 포함하여….

安 不 忘 危 안불망위

편안할 **안**　　아닐 **불**　　잊을 **망**　　위태로울 **위**

뜻　편안한 때에도 위태로움을 잊지 않는다.

이건희 회장은 좀처럼 안주하는 법이 없다. '이만 하면 되겠지…'라고 긴장을 푸는 순간이 가장 위험하다는 게 이 회장의 평소 소신이다.

소니와 파나소닉 등 삼성을 능가하던 일본 전자업체가 줄줄이 뒤로 밀리고 애플과의 스마트폰 경쟁에서도 우위를 점했지만 삼성 임직원들에게 경계를 늦추지 말라고 늘 강조한다.

이런 점에서 삼성의 내년 경영 화두는 '안불망위安不忘危'라는 4자성어로 표현할 수 있다. '편안한 가운데서도 위태로움을 잊지 않는다'는 이 뜻은 매출 160조 원에 달하는 세계 최대 전자업체인 삼성에 부단히 채찍질을 가하는 이 회장의 평소 지침과도 잘 부합한다.

이 4자성어는 주역 계사전繫辭傳 하편에서 유래됐다. 군자는 태평할 때도 위기를 잊지 않아야 내 몸을 지키고 가정과 국가를 보전할 수 있다고 언급돼 있다. 기업을 이끄는 경영자도 나태와 자만에 빠지지 않는 게 지속적인 승리를 달성하는 핵심임을 일깨워준다.

(2012. 1. 2. 매일경제)

잘나갈 때 조심하라는 말이 있다. 주마가편走馬加鞭이라고나 할까.

英 氣 動 人　영기동인

빼어날 **영**　　기운 **기**　　움직일 **동**　　사람 **인**

뜻 빼어난 기상氣像이 사람을 움직임.

> 지난 7일부터 한상대 검찰총장의 방에는 새로운 액자가 하나 걸렸다. 액
> 자 속의 네 글자는 '영기동인英氣動人'이라는 붓글씨다.
> 이는 중국 당나라 시대 역사서인 구당서에 나오는 말로 '빼어난 기상이
> 사람을 움직인다'는 뜻이다.
> 휘호를 쓴 사람은 유명한 서예가인 학정鶴亭 이돈흥 씨(63)인 것으로 전해
> 졌다.
> 한 검찰 관계자는 "글씨의 뜻으로 볼 때 검찰 개혁 등 산적한 과제를 본인
> 이 주도적으로 나서 해결하겠다는 뜻이 아니겠느냐"며 "스마트 수사 등을
> 확립시키려 하면서 스스로 각오를 다지기 위해 평소 안면이 있던 서예가
> 에게 글씨를 부탁한 것 같다"고 추측했다.
>
> (2011. 9. 20. 매일경제)

무엇이 사람을 움직이게 하는가?

경영자들이 항상 고민하는 주제이다. 그래서 선인들의 지혜를 구하
고, 성공했다는 사람들의 이야기를 듣는다. 결국은 리더의 '솔선수범
率先垂範'을 사람들이 수용할 때 성공하는 것이 아닐까?

또한 정성과 진심이 사람을 움직이기도 한다.

'정성동인精誠動人'이나 '진심동인眞心動人'으로 바꾸어도 좋을 듯하다.

任	重	道	遠	임중도원
맡을 임	무거울 중	길 도	멀 원	

뜻 맡은 책임은 무겁고 이를 수행할 길은 멀다.

> 한상대 총장은 이어 '맡은 책임은 무겁고 갈 길은 멀다'는 뜻으로 『논어』에
> 등장하는 고사성어인 '임중도원任重道遠'을 인용하며 "깨끗한 선거문화가
> 자리 잡을 수 있도록 모든 역량을 다해달라"며 일선 부장검사들에게 당
> 부하기도 했다.
>
> ('전국 공안부장검사회의'에서, 2012. 1. 17. 매일경제)

CSR(Corporate Social Responsibility)이라는 말이 있다. 기업은 지속 가능한 경영을 해야 하고, 친환경 경영을 하여야 하며, 나아가 사회봉사 활동을 해야 하는, 기업의 사회적 책임을 말한다. 글로벌 B2C기업은 내부에 전담 팀을 두고 기업의 CSR 활동을 전개하고 있다.

나는 대학에 와서 학생들에게 USR(University Social Responsibility, 대학의 사회적 책임)의 개념을 설명한다. 대학은 교육, 연구 및 산학협력에 더하여 지역사회는 물론 저개발국가에 대한 봉사활동을 하는, 대학의 사회적 책임을 다하여야 한다고 강조한다. 지식인이라면 사회적 약자나 소외계층에 대한 배려심과 현상 타개에 대한 책임감을 잊어서는 안 된다.

終 身 之 憂   종신지우
마칠 **종**　몸 **신**　갈 **지**　근심 **우**

뜻 내 몸 다할 때까지 잊지 말아야 할 숙명 같은 지도자의 근심.

박장석 사장에 따르면 한 번 위기를 겪고 난 SKC 임직원들은 더 이상 실패를 두려워하지 않는단다. 이것이 바로 혁신의 밑거름이 됐다. 이러한 조직 문화 속에 SKC 임직원들은 박 사장과 회의를 할 때도 기탄없이 아이디어를 제안한다. 그는 한 회사의 대표로서 '종신지우終身之憂'를 가슴에 새기고 산다.

"타인에 대한 봉사와 희생을 자신의 몸이 다할 때까지 잊어서는 안 된다는 뜻이지요. 맹자 말씀인데, 한 회사를 이끄는 사람의 운명과 일맥상통합니다."

(2012. 10. 22. 매일경제)

원문은 '是故 君子有終身之憂, 無一朝之患也'이다. (그러므로 군자에게는 종신의 우환은 있을 수 있으나 하루아침의 걱정은 있을 수 없다.)

서양에서의 노블레스 오블리주(Noblesse Oblige)와 같은 의미로도 사용된다.

리더는 자신의 개인사보다는 조직이나 구성원들의 안위를 먼저 생각해야 한다는 의미이다. 리더의 막중한 책임을 이야기하고 있다.

借 屍 還 魂 차시환혼

빌릴 차   시체 시   돌아올 환   넋 혼

뜻 '주검을 빌려 영혼을 찾아온다'는 뜻으로, 이용할 수 있는 것은 무엇이나 이용을 해서 뜻하는 바를 실현시키는 것을 말함.

"차시환혼借屍還魂이란 말을 뒤로하고 이제 다시 떠나려 합니다."
박제용 외환은행 전 수석부행장(57)은 지난달 28일 외환은행을 떠나면서 전 직원에게 이런 내용의 e메일을 보냈다. 외환은행은 전날 하나금융그룹에 편입된 이후 처음 실시한 인사에서 박 부행장을 포함한 임원 9명 전원을 해임했다.
'차시환혼'은 중국의 병법서인 '36계' 가운데 14계에 해당하는 말이다. '죽은 사람의 영혼이 다른 사람의 시체를 빌려 부활한다'는 의미로, 이용할 수 있는 것은 무엇이든 빌려 원하는 것을 이뤄야 한다는 것을 뜻한다. 박 전 부행장은 차시환혼의 뜻에 대해 "강한 정신력과 의지만 있다면 죽은 시체의 몸속에 들어가서라도 다시 태어날 수 있다"고 적었다.

(2012. 3. 7. 동아일보)

뜻을 이루겠다는 의지가 보이는 비장한 말이다.

枕 戈 待 旦　침과대단

베개 **침**　　창 **과**　　기다릴 **대**　　아침 **단**

뜻 '창을 베고 자면서 아침을 기다린다'라는 뜻으로, 항상 전투태세를 갖추고 있는 군인의 자세를 비유함.

> 김석동 금융위원장은 신년사에서 새해 금융정책 방향과 관련해 '침과대단枕戈待旦'이란 사자성어를 인용했다.
> '항상 전투태세를 가지고 아침을 기다린다'는 뜻으로 금융당국이 금융시장 안정 유지에 한 치의 소홀함이 없도록 하겠다는 다짐이다.
>
> (2013. 1. 2. 머니투데이)

군에는 '5분 대기조'라는 것이 있다. 적의 침공에 대비하여 출동 명령이 내려지면 5분 이내에 출동하라는 것이다. 이 경우 통상은 군복을 입고 생활을 하게 된다.

모든 일에 있어 신속함과 정확성은 양면성을 가진 덕목이다. 위기 상황에서는 '신속성'이 우선시된다. 신속하게 대응하기 위해서는 사전에 미리 준비하고 있어야 한다. 사전에 준비한다는 것은 어떠한 상황을 예측하고 이에 대한 대응을 준비한다는 것이다.

기업에서는 '시뮬레이션'이라는 모의실험을 하며 준비를 한다. 그래도 가장 중요한 것은 마음가짐이다. 구성원들에게 긴장감을 불어 넣을 때 사용하기 적합한 문장이다.

風 梳 雨 沐 풍소우목

바람 **풍**   얼레빗 **소**   비 **우**   머리 감을 **목**

뜻 '바람으로 머리를 빗고 비로 목욕을 한다'는 뜻으로 장수가 싸움터에 나가 병사들과 고락을 함께한다는 의미.

최기의 KB국민카드 사장은 위기 상황에서 지위고하를 막론하고 다함께 고통을 나누자며 단결을 주문했다. 최 사장은 "올해 우리 앞에 닥친 위기는 그동안 겪었던 그 이상의 시련일 가능성이 높다"며 삼국사기 김흠운 열전에 나오는 풍소우목風梳雨沐의 정신을 언급했다.
'바람으로 머리를 빗고 비로 목욕을 한다'는 뜻으로 장수가 싸움터에 나가 병사들과 고락을 함께한다는 뜻이다.

(2013. 1. 9. 이투데이)

신라 장수 김흠운은 집에도 가지 않고 전장에서 병사들과 같이 자면서 지휘를 했다고 한다.

'동고동락同苦同樂'이라는 단어가 생각난다. 고통도 즐거움도 같이한다는 뜻인데, 즐거움은 같이하고 싶지만 고통은 같이하고 싶지 않은 것이 '인지상정人之常情'이다. 리더가 고통을 같이할 때 직원들은 고통을 감내할 수 있고, 기꺼이 참여하려고 한다.

'존경尊敬'이란 '자격을 갖춘 리더에게 부하가 주는 선물'이라고 한다. 즐거움만 아니라 고통을 같이할 때 부하는 리더를 '존경'하게 된다.

4. 반성이나 겸손을 강조할 때

擧世皆濁(거세개탁)

去華就實(거화취실)

結者解之(결자해지)

戒懼愼獨(계구신독)

過恭非禮(과공비례)

矯角殺牛(교각살우)

驕兵必敗(교병필패)

群盲評象(군맹평상)

得隴望蜀(득롱망촉)

馬不停蹄(마불정제)

無謬之權(무류지권)

反求諸身(반구저신)

旁岐曲逕(방기곡경)

上善若水(상선약수)

心淸事達(심청사달)

若烹小鮮(약팽소선)

掩耳盜鐘(엄이도종)

易地思之(역지사지)

流水不爭先(유수부쟁선)

飮水思源(음수사원)

飮鴆止渴(음짐지갈)

履霜之戒(이상지계)

藏頭露尾(장두노미)

唾面自乾(타면자건)

解弦更張(해현경장)

禍福同門(화복동문)

擧 世 皆 濁 거세개탁
들 거 세상 세 다 개 흐릴 탁

뜻 온 세상이 다 흐림. 지위의 높고 낮음을 막론하고 모든 사람이 다
바르지 않음.

올해로 11번째를 맞은 〈교수신문〉 연말 기획 '올해의 사자성어'에 '거세
개탁'이 선정됐다.
'거세개탁'은 지위의 높고 낮음을 막론하고 모든 사람이 다 바르지 않다는
의미다.
'거세개탁'은 초나라의 충신 굴원이 지은 『어부사漁父辭』에 실린 고사성어
로 온 세상이 혼탁한 가운데서는 홀로 맑게 깨어 있기가 쉽지 않고, 깨어
있다고 해도 세상과 화합하기 힘든 처지를 나타내는 의미로 사용된다.
'거세개탁'을 올해의 사자성어로 추천한 윤평중 한신대 교수(철학)는 "바른
목소리를 내야 할 지식인과 교수들마저 정치 참여를 빌미로 이리저리 떼
거리로 몰려다니면서 파당적 언행을 일삼는다. 진영논리와 당파적 견강부
회가 넘쳐나 세상이 더욱 어지럽고 혼탁해진다."며 "이명박 정부의 공공성
붕괴, 공무원 사회의 부패도 급격히 악화되고 있는 상황이지만 해법과 출
구는 잘 눈에 띄지 않는다."고 추천 이유를 밝혔다. 지식인 사회는 물론이
고 정치권, 공무원 사회의 혼탁함이 한국 사회에 만연하다는 지적이다.

(2012. 12. 23. 교수신문)

5공 시절 인기리에 방영되었던 드라마의 대사가 생각난다.
"민나 도로보데스!" (모두 도둑놈들이야!)

去 華 就 實 거화취실
갈 거   빛날 화   나아갈 취   열매 실

뜻 겉으로 드러나는 화려함을 배제하고 내실을 지향한다.

> 롯데그룹 안팎에선 이번 와인 선택을 두고 신동빈 회장의 성격을 그대로 반영한 것이라는 얘기가 나온다. 아버지 신격호 총괄회장의 지론인 '거화취실(去華就實, 겉으로 드러나는 화려함을 배제하고 내실을 지향한다)'을 체화한 덕에 가격보다는 맛과 실속을 따진 실속형 선택이라는 것이다.
>
> (2011. 5. 20. 중앙일보)

'외화내빈外華內貧'의 반대말쯤 되나 보다.

요즈음 대한민국의 산업 흐름을 보면 '외화내빈外華內貧'의 모습이 많다. 스포츠나 엔터테인먼트 등 외형 지향적인 산업이 청소년층과 젊은 친구들에게 어필하다 보니 관련 산업이 급격히 성장하고 있고, 이 분야에 많은 투자가 이루어지기도 한다. 아닌 경우도 있지만 대개는 소위 '거품'인 경우가 있고 마케팅의 '착시 효과'일 수도 있다.

공정거래위원회나 소비자보호원 등에서 제재도 하고 경고도 하지만 줄어들지 않고 있다. 산업의 새로운 트렌드일 수도 있지만 진정한 산업으로 발전하려면 외형과 함께 내실이 따라가야 하지 않을까 한다.

사람의 품격도 이와 비슷하여, 영위하는 직업에 따라 스타일이 정해지게 된다.

結 者 解 之　결자해지
맺을 **결**　놈 **자**　풀 **해**　갈 **지**

뜻 '일을 맺은 사람이 풀어야 한다'는 뜻으로, 일을 저지른 사람이 그 일을 해결解決해야 한다는 말.

> 추징금 미납으로 자택의 물건들을 압류당한 전두환 전 대통령이 결자해지結者解之 심정으로 결단을 내려서 이번 사태를 더 이상 확대시키지 말아야 한다는 목소리가 커지고 있다. 전 전 대통령이 추징금 1672억 원 미납 문제를 가족과 함께 해결함으로써 세계 10위권에 육박하는 대한민국이 세계적인 조롱거리가 되는 것을 막아야 한다는 것이다.
>
> (2013. 7. 19. 조선일보)

　직장 생활을 하면서 인간관계가 꼬일 경우가 있다. 조직이 단순하고 사람이 적으면 문제 해결은 쉬울 수가 있다. 그러나 인원이 많고 조직이 복잡할 경우, 꼬인 인간관계를 풀기에는 많은 시간과 수고가 필요하다.

　무엇보다 문제를 일으킨 사람이 먼저 해결하도록 하는 것이 순리이며, 이 경우 필요한 것이 용기이다. 자신의 잘못을 인정하는 용기가 문제 해결의 출발점이 될 수 있다. 나 혼자서 해결할 문제라면 간단하지만, 여러 사람 특히 조직이 관련된 문제라면 간단하지가 않다. 이럴 경우 리더십을 발휘해야 하는 것이다.

戒　懼　愼　獨　계구신독

경계할 계　두려워할 구　가릴 신　홀로 독

뜻 늘 경계하고 두려워하며 홀로 있을 때에도 사리에 어긋남이 없도록 언동을 삼간다.

> 양승태 대법원장은 2일 서초동 대법원 청사에서 열린 신임법관 임명식에서 '계구신독(戒懼愼獨, 늘 경계하고 두려워하며 홀로 있을 때에도 사리에 어긋남이 없도록 언동을 삼간다)'이라는 사자성어를 거론했다.
>
> (2012. 4. 3. 서울신문)

이 문장은 가인 김병로 선생의 좌우명이라고 한다. 가인은 1948년 대한민국 정부 수립 후 초대 대법원장으로 9년여 동안 재직하며 법치주의의 근간이 되는 사법부 독립의 기틀을 마련했다는 평가를 듣는다.

가인은 사법부의 엄정한 독립을 천명하고 법관들에게 "다른 사람의 어떠한 간섭도 배격하고 법관 자신의 양심에 따라 재판하라"고 당부했다. 또한 가인은 공직에 있을 때 공과 사를 철저히 구분해 일을 처리한 것으로 유명했다고 한다.

요즈음 공직비리가 문제가 될 때마다 떠오르는 문장이다. 공직자나 권력을 가진 사람들이 명심해야 할 문장이다.

過 恭 非 禮　과공비례

지날 **과**　　공손할 **공**　　아닐 **비**　　예도 **례**

뜻 지나친 공손恭遜은 오히려 예의禮儀에 벗어남.

'90도 인사'를 두고 보여주기 위한 지나친 겸손이 아니냐는 시각도 있습니다. '과공비례過恭非禮'라는 건데요.

(이재오 장관 인터뷰 기사, 2010. 10. 16. 중앙일보)

　'과유불급過猶不及'이라는 말이 있다. 지나치면 부족함만 못하다는 뜻인데, 세상사가 다 그런 것 같다. '적당히'라는 말이 나쁜 뜻으로 오해가 되기도 하지만 대인관계에 있어서는 때로는 필요한 덕목이기도 하다. 사회 속의 각 개인들은 자의 반 타의 반으로 어떠한 계층에 속하게 되는데, 행동이나 말투가 소속하는 계층에서 수용할 수 있는 한계를 벗어나면 사람들은 특이한 사람으로 인식하게 된다. 그래서 사람들은 '적당히' 사회적이어야 한다.

　또한 '과양비례過讓非禮'라는 말도 있다. 누군가에서 선물이나 대접을 받을 때 너무 사양을 하면 준 사람이 민망하게 된다. 그럴 때에는 못 이기는 척 받아 주는 것도 상대방에 대한 예의이다. 삼고초려三顧草廬처럼 세 번 정도 권유하면 수용하는 것이 좋을 듯하다.

矯角殺牛 교각살우

바로잡을 교　뿔 각　죽일 살　소 우

뜻 소의 뿔을 바로잡으려다가 소를 죽인다는 뜻.

대학교수, 변호사 등으로 구성된 시민단체인 '바른사회시민회의'는 13일 서울 중구 태평로 한국프레스센터에서 '나라를 걱정하는 지식인 600명 긴급 시국선언'을 발표했다.

이들은 선언문에서 "정치권이 표만 의식해 대기업을 옥죄는 공약 경쟁을 벌이면 일자리를 만드는 데 전혀 도움이 되지 않는다."며 "어설픈 '경제민주화 정치 쇼'를 중단하고 정치개혁과 민생 입법에 전념하라"고 주문했다.

이어 "우리 경제는 '제로 성장'과 수출 둔화, 일자리 부족, 가계 부채 등으로 어려움을 겪고 있다"며 "그러나 정치권은 재벌 규제로 우리 경제의 경쟁력이 회복될 것이라는 부실 처방을 내리고 급하지도 않은 규제의 강행에 몰두하고 있다"고 비판했다. 또 "세상에 순환출자를 규제하는 나라는 없고 순환출자 금지는 우리의 알짜 기업만 외국 기업에 헐값으로 팔려나가게 만들 뿐"이라며 "재벌들을 경영권 방어에 매달리게 하면서 경제가 정체되면 교각살우矯角殺牛의 책임은 누가 지려 하는가"라고 지적했다.

(2012. 11. 14. 동아일보)

어떠한 일의 성과도 있지만 반대급부적으로 부정적 파급효과가 클 경우에 사용할 수 있다.

경험이 부족한 경영자나 정치 지향적인 정책 입안자들이 범하는 대표적인 우愚다.

驕 兵 必 敗 교병필패

교만 **교**　　군사 **병**　　반드시 **필**　　패할 **패**

뜻 능력만 믿고 자만하는 병사는 반드시 패한다.

> 삼성그룹이 14일 전 임직원들을 향해 제시한 메시지다. 임직원들의 자만
> 심을 경계해야 한다는 의미를 내포하고 있다.
>
> (2010. 7. 14. 문화일보)

중국 전한前漢시대의 선제宣帝의 고사에서 나왔다. 교만한 군대가 그 위세를 뽐내는 것은 교병驕兵이며 이런 교병은 필패必敗한다는 것이다.

삼성그룹이 잘나간다고 하면서 한편으로는 타 그룹이나 협력회사의 입장도 고려하고, 임직원들의 기강 해이를 염려하여 발표한 문구라고 생각한다.

흔한 말로 '잘나갈 때 잘해라'하는 말이 있다. 잘나갈 때 인심 사납게 하면 어려울 때 도와주지 않겠다는 의미가 함축되어 있는 말이기도 하다. 살다 보면 좋은 날도 있고, 어려운 날도 있기 마련이다.

사람이 항상 한결 같을 수는 없지만 작은 것에 교만하고 또 작은 것에 낙담하는 것은 인간관계에 바람직하지는 않다. '화장실 가서 웃는다'는 말이 있듯이, 좋은 일일수록 상대적 박탈감을 느낄 수 있는 사람 앞에서는 좋은 내색은 삼가는 것이 멋져 보인다.

'병교자멸兵驕者滅'이라는 말도 있다.

群 盲 評 象 군맹평상
무리 군   소경 맹   품평 평   코끼리 상

뜻 '장님들이 코끼리 몸을 만져보고 제각기 말한다'는 뜻으로, 범인凡人
은 모든 사물을 자기 주관대로 판단하거나 그 일부밖에 파악하지
못함을 비유한 말이다.

> 삼성은 최근에는 서울 서초구 서초동 서초사옥에 '군맹평상(群盲評象, 장님들
> 이 코끼리 몸을 만져보고 제각기 말한다)'이라는 사자성어를 내걸기도 했다. 어리
> 석은 사람은 자기 주관에만 치우쳐 큰일을 그르치게 된다는 사자성어로, 역
> 시 임직원들의 자만심을 경계해야 한다는 의미를 내포하고 있다.
>
> (2010. 7. 14. 문화일보)

 경영학에서 최적화라는 개념을 배울 때, 부분 최적화가 항상 전체
최적화와 일치하지 않는다고 배웠다.

 조직을 운영하다 보면 개별 계획은 최적화가 되어 있으나 전체적으
로 연결되지 않아 전체 최적화로 이어지지 않는 경우가 많다. 각자 입
장에서 최적을 찾았기 때문인데 결국은 경영자가 이 부분은 결정을
해 주어야 한다. 왜냐하면 각 팀에서는 최적안을 제시한 상태라 이를
조정할 수 있는 사람은 최종 의사 결정자만이 가능한 일이다.

得 隴 望 蜀 득롱망촉

얻을 득   땅 이름 롱   바랄 망   나라 이름 촉

뜻 '농서 땅을 얻고 나니 촉나라까지 바라게 된다'는 뜻으로, 사람의
욕심은 끝이 없고 참으로 자제하기가 어렵다는 의미다.

후한 광무제는 인근 성들을 토벌하고 농서와 촉만 복속시키지 못하고 있
었다. 세력이 약했던 농서의 왕 외효가 죽자 그 아들이 항복함으로써 농
서도 후한 손에 들어왔다.
이때 광무제가 이렇게 말했다고 한다. "사람은 만족할 줄 몰라 다시 촉을 바
라게 되는구나. 매양 군사를 출동시킬 때마다 그로 인해 머리가 희어진다."
농서 지방을 얻고 나니 촉 지방이 탐난다는 의미의 '득롱망촉得隴望蜀'은
만족을 모르는 인간 속성을 드러내는 말이다.
경영학자들은 대선주자들이 잇달아 내놓고 있는 보편적 복지·무상복지
정책은 갈수록 더 많은 재원을 필요로 하게 해 더 큰 문제를 야기할 수 있
다고 제언했다.

(2012. 11. 19. 매일경제)

'평롱망촉平隴望蜀'이라고도 한다.

욕심과 절제의 적정한 타협점을 찾기가 쉽지 않다. 여러 사람이 개
입하면 더욱 힘들어진다.

馬 不 停 蹄 마불정제
말 **마**　　아닐 **불**　　머무를 **정**　　굽 **제**

[뜻] 달리는 말은 말굽을 멈추지 않는다.

> 삼성 이건희 회장은 신경영 선언 17주년인 지난 7일 '마불정제(馬不停蹄, 달리는 말은 말굽을 멈추지 않는다)'를 새로운 화두로 제시했다. 지난 성과에 안주하지 말고 더욱 부단히 뛰자며 위기의식을 재강조한 것이다.
>
> (2010. 6. 21. 제주일보)

　중국 원나라의 유명한 극작가인 왕시푸王實甫의 작품 『여춘당麗春堂』에서 유래된 말이라고 한다.

　여춘당 2막에는 '적타급난척수, 타적타마부정제他急難措手, 打的他馬不停蹄'라는 문구가 나온다. "적을 공격할 때에는 적이 미처 손 쓸 틈이 없이 재빠르게 공격해야하고, 일단 공격을 시작하면 쉬지 않고(말발굽을 멈추지 않고) 적을 사지로 몰아야 한다"는 의미다.

　실적이 잘 나오면 임직원들은 좀 느슨해진다. 이를 경계하기 위하여 경영자는 새로운 목표를 제시하기도 한다. 상대적으로 실적이 나쁜 기업의 경영자는 임직원들을 독려한다. 경쟁사회에서 영원한 일등은 없기에 경영자들은 항상 긴장하고 새로운 도약을 준비한다.

　중간고사 성적이 잘 나오면 아이들은 잠시 공부를 우습게 여긴다. 기말고사를 치르고서야 자신이 나태했음을 깨닫는다. 자만自慢을 경계하라는 문장이다.

無 謬 之 權 무류지권
없을 **무**　그르칠 **류**　갈 **지**　권한 **권**

뜻 절대 그르침이 없이 신앙과 윤리에 관하여 전하는 권한.

> 천주교 사제는 본질적으로 진리 자체이신 그리스도의 일을 대신 하는 사람이다.
> 예수님께서 "하느님의 것은 하느님에게 바치고 황제 가이사의 것은 가이사에게 바쳐라"라고 하셨듯이 사제는 세속적 권력과 세속적 논리에 근거하여 사목하는 것이 아니다.
> 사제란 그리스도의 참 정신, 즉 정의를 넘는 사랑을 토대로 진솔한 기도와 은총으로 세속에서 사랑의 기적을 이룩하고 평화를 심어야 하는 신분이다.
> 천주교회는 교회의 권위인 '무류지권(infallibility = 無謬之權 = 절대 그르침이 없이 신앙과 윤리에 관하여 전하는 권한)'을 남용해서는 안 된다.
>
> (김계춘 신부 기고문, 2010. 03. 24. 뉴데일리)

　교황의 가르침은 오류가 없다는 교권주의적인 교리로, 교황은 신앙과 도덕 문제에 있어서 그르칠 수 없는 이른바 '무류지권無謬之權'을 소유한다.

　권력을 남용하는, 가진 사람들에게 전하는 통렬한 비판의 문구이다. 작은 것도 권력을 가지면 행사하려는 자신이 아닌지 다시 한 번 돌아보게 하는 문구이다.

反 求 諸 身 반구저신

되돌릴 **반**　　구할 **구**　　어조사 **저**　　몸 **신**

뜻 정곡을 맞추지 못하면 돌이켜 자신의 마음가짐과 자세를 살핀다.

> 임 실장은 토론을 마무리하는 자리에서 "여러분 모두 답을 나 자신, 우리
> 자신에게서 찾자는 데 공감한 것 같다"며 '반구저신反求諸身'이라는 한자
> 성어를 소개했다.
> '반구저신'은 『중용』에 나오는 말로 '허물이 있으면 남의 탓을 하기보다 자
> 신에게서 잘못을 찾는다'는 뜻이다.
>
> (임태희 실장이 비서관회의를 주재하며, 2011. 5. 27. 아시아경제)

　남을 비판하기 앞서 자신을 돌아보라고 한다. 흔히 비유하는 말로
남을 가리키는 것은 검지 하나지만 나머지 세 개의 손가락은 자신을
가리키고 있다고 한다. 또한 옛 고사 중에서 자식이나 제자가 잘못되
었을 때 부모나 스승이 먼저 자신을 회초리로 때리기도 했다고 한다.

　이조시대에는 '선비정신'이라는, 자신을 절제하는 마음가짐이 있었
는데, 우리 사회가 서구화되어 가면서 어느새 잊혀 가는 것이 아닌가
하는 아쉬움이 있다.

　세계 경제 중심이 동양으로 이동하는 시기에 다시금 되새길 필요가
있는 것이 '선비정신'이 아닐까 생각해 본다.

旁 岐 曲 逕 방기곡경

두루 **방** 갈림 **기** 굽을 **곡** 소로 **경**

뜻 '옆으로 난 샛길과 구불구불한 길'이라는 뜻으로, 일을 바른길을 좇아서 순탄하게 하지 않고 정당한 방법이 아닌 그릇되고 억지스럽게 함을 이르는 말이다.

〈교수신문〉이 '올해의 사자성어'로 선정한 문구이다. 운하를 포기한다고 해 놓고서는 4대강 수질개선이라는 이름으로 바꾸어서 추진하고, 행정도시 이전한다고 해 놓고서 못 간다고 하여 국론이 분열되고 있음을 빗대어 선정한 것으로 교수님들의 비아냥이 포함되어 표현한 사자성어이다.

(2009. 12. 어느 날 일간지에서)

이 사자성어는 조선 중기의 유학자 율곡 이이李珥가 군자와 소인을 가려내는 방법을 설명하면서 "제왕이 사리사욕을 채우고 도학을 싫어하거나, 직언하는 사람을 좋아하지 않고 구태를 묵수하며 망령되게 시도하여 복을 구하려 한다면 소인배들이 그 틈을 타 갖가지 방기곡경旁岐曲逕의 행태를 자행한다"고 한 데서 비롯되었다.

'모로 가도 서울만 가면 된다'는 식의 결과 중시 사고방식에서 과정 중시 사고로의 전환이 필요한 경우 사용할 만한 문구이다. 정상적이고 합리적인 방식을 요구할 때 상징적으로 사용하면 멋진 비유가 될 듯하다.

上 善 若 水 상선약수

위 **상**　　착할 **선**　　같을 **약**　　물 **수**

뜻 최고의 선은 물과 같은 것이다.

> 노자가 쓴 『도덕경』에는 '상선약수上善若水'란 구절이 있다. 물처럼 사는 것
> 이 가장 아름답다는 뜻이다. 기원전 4-5세기에 살았던 그리스 서정시인
> 핀다로스는 '물이 모든 것 중에서 최고'라 했다. 이처럼 동서양을 막론하
> 고 물은 지대한 관심사였다.
>
> (2012. 6. 16. 중앙일보)

　노자의 철학은 참으로 이해하기가 어렵다. 성철 스님은 생전에 '물
은 물이요, 산은 산이다'라는 법어를 남기셨는데, 이 또한 이해하기가
어렵다. '자연으로 돌아가라'는 루소의 철학과 비슷한 것인가?

　서예 동학 청학 선생님이 쓰신 '견소포박見素抱樸'이라는, 노자의 『도덕
경』한 문장을 사무실에 걸어 놓고 있다. 이는 '물들이지 않은 실을 보
고 손질하지 않은 옥을 품으라'는 뜻으로, '있는 그대로 받아들여라'라
는 의미로 해석할 수도 있다. 흐르는 대로 순리대로 살라는 뜻인가?

　복잡하게 얽혀진 일을 풀어보려고 노력하지만 때로는 자연의 흐름
에 맡겨 보는 것도 필요한 것 같다. 물 흐르듯이….

心 清 事 達 심청사달

마음**심** 맑을 **청** 일 **사** 도달할 **달**

뜻 마음이 맑으면 모든 일이 잘 이루어진다. - 명심보감

> 정동기 내정자는 '심청사달(心淸事達, 마음이 맑으면 모든 일이 이루어진다)'이라
> 는 좌우명을 소개하면서 "평생 철저하게 자기관리를 하고 살아왔으며, 살
> 고 있는 집 외에 땅 한 평 소유해 본 적이 없다"고 강조했다.
>
> (2011. 1. 13. 동아일보)

'심정필정心正筆正'이라는 말이 있다. 글씨 쓰는 사람들 사이에서 사용하는 말인데, '마음이 바르면 글씨도 잘 써진다'는 말이다. 항상 바른 마음과 자세로 글씨를 쓰라는 교훈으로 받아들인다.

흔히 아는 사필귀정事必歸正은 심청사달의 결과가 아닐까?

'이심전심以心傳心'이라는 말이 있다. 내가 어떤 행동과 자세를 가지느냐에 따라 상대방이 반응을 하게 되는데, 진심을 가지고 대하면 상대방도 진심으로 대하기 마련이다.

요즈음은 Twitter나 SNS 등 의견을 교환하는 여러 가지 매체가 등장하였지만 한편으로는 오해도 많이 생기기도 한다. 그러나 세상이 아무리 변해도 사람이 전하는 진심은 통하기 마련이다. 그래서 바른 마음을 가지는 것이 중요하다.

若 烹 小 鮮 약팽소선

같을 **약** 삶을 **팽** 작을 **소** 생선 **선**

뜻 '치대국약팽소선治大國若烹小鮮'의 준말로서, '큰 나라를 다스리는 것은 작은 생선生鮮을 삶는 것과 같다'는 뜻이다. 무엇이든 가만히 두면서 지켜보는 것이 가장 좋은 정치란 뜻.

'약팽소선若烹小鮮'은 노자老子 61장에 나오는 경구다.

작은 생선은 살이 부드러워 자주 뒤집으면 부서진다. 나라를 다스리는 것도 이와 같아서 조심스러운 마음으로 자연스럽게 두고 지켜보는 것이 가장 좋은 정치라는 뜻이다.

기업 규제는 불공정한 시장경쟁, 대기업의 전횡을 막는 수준에 그쳐야지 이것이 지나쳐 기업 성장과 창의성, 역동성을 위축시키는 수준에 이르면 위험하다는 것이 경영학회가 차기 대선주자들에게 던지는 경구다.

(2012. 11. 19. 매일경제)

권력을 가지게 되면 이를 이용하려는 것이 인간의 기본적인 심리이다. 이 같은 심리를 완전히 배제할 수는 없겠지만 최소한으로 하려는 노력이 필요하다.

掩 耳 盜 鐘 엄이도종
가릴 **엄**　　귀 **이**　　도둑 **도**　　쇠북 **종**

뜻 '귀를 막고 종을 훔친다'라는 뜻으로, 자기自己만 듣지 않으면 남도 듣지 못한다고 생각하는 어리석은 행동行動 또는 결코 넘어가지 않을 얕은 수로 남을 속이려 한다는 말이다.

춘추시대 진나라 범무자의 후손이 다스리던 나라가 망할 위기에 처했다. 그때 백성 중 한 명이 종을 짊어지고 도망가려 했다. 그러나 짊어지고 가기에는 종이 너무 크고 무거웠다. 망치로 깨서 가져가려고 종을 치니 소리가 크게 울려 퍼졌다. 그 백성은 다른 사람이 종소리를 듣고 와서 종을 빼앗아 갈까봐 두려워 자신의 귀를 막고 종을 깼다고 한다.

위 내용은 교수신문이 2011년 올해의 사자성어로 선정한 '엄이도종'의 유래다. 여씨춘추에 나오는 일화다.

(2011. 12. 18. 한겨레신문)

2010년 교수신문이 선정한 단어 '장두노미藏頭露尾'와 같은 의미이다. 교수님들이 보기에 작년과 별반 차이가 없었던 모양이다.

易 地 思 之 역지사지

바꿀 **역**　　　땅 **지**　　　생각할 **사**　　　갈 **지**

뜻 상대편과 처지를 바꾸어 생각하라.

조직 문화에 대해서는 상사와 부하가 서로 배려하자는 '역지사지' 정신을 강조하였다.

(LG전자 부사장 취임 메일, 2010. 10. 18. 매일경제)

『맹자孟子』에 나오는 '역지즉개연易地則皆然'이라는 표현에서 비롯된 말로 '다른 사람의 처지에서 생각하라'는 뜻이다. 무슨 일이든 자기에게 이롭게 생각하거나 행동하는 것을 뜻하는 '아전인수我田引水'와는 대립된 의미로 쓰인다.

사람들이 조직 내에서 일을 하면서, 아니면 사회생활을 하면서 느끼는 스트레스의 대부분이 인간관계로 인한 것이다. 사회생활에서뿐만 아니라 가정에서도 가족 간에도 서로 스트레스를 주고 마음에 상처를 주기도 한다.

인간관계에서는 상대가 있기 마련이고, 나의 행동이나 말에 따라 상대가 반응하기 마련이다. 결국은 상대방의 행동이나 말은 나의 행동이나 말의 반작용인 셈이다.

고 김수환 추기경은 그래서 '내 탓이오'라는 말을 전하셨으리라 생각된다. 대인관계에 있어 내가 조금 손해 보겠다고 다짐하면 좀 더 마음이 편하지 않을까 ?

流水不爭先 유수부쟁선
흐를유 물수 아닐부 다툴쟁 앞선

> **뜻** 흐르는 물은 앞을 다투지 않는다.

노자의 도덕경에 나오는 '유수부쟁선流水不爭先'은 김 행장이 가장 아끼는 글귀다. 그는 "'흐르는 물은 앞을 다투지 않는다'라는 이 글귀처럼 일하는 과정에서 평가에 일희일비하지 않고 긴 호흡으로 묵묵히 최선을 다해 나간다면 각자의 노력에 합당한 보상을 받게 된다"고 조언했다.

그는 후배들에게 '덕장德將'의 리더십도 주문했다. 그는 "소통은 덕장의 리더십의 최우선 가치"라며 "서로 공감하면서 창의성을 발휘할 수 있도록 하는 덕장의 길을 기억해두길 바란다"고 당부했다.

(김용환 수출입은행장 인터뷰 기사 중, 2012. 12. 28. 매일경제)

노자의 『도덕경』에 나오는 또 다른 말에 '상선약수上善若水'라는 말이 있다. 최고의 선은 물과 같다는 것인데, 자연스럽게 산다는 것이 道라고 노자는 설명하고 있다.

인간관계가 꼬여 잘 안 풀릴 때에는 잠시 그냥 그대로 놔두는 것도 방법이다. 흔한 말로 순리대로 살다 보면 문제가 풀릴 경우가 많다.

飲 水 思 源 음수사원

마실 **음**　물 **수**　생각 **사**　근원 **원**

뜻 물을 마시면서 그 근원을 생각한다.

SK그룹(회장 최태원)이 올해 한·중 수교 20주년을 맞아 양국 관계를 재조명하고, 향후 협력 방향과 과제를 점검하는 대규모 국제학술 포럼을 마련했다. 고등교육재단 이사장인 최태원 회장은 축사를 통해 '음수사원飲水思源'이라는 중국 속담을 인용하며 "20년 전 많은 어려움 속에서도 한·중 수교를 이끌어내고, 상호협력에 힘을 기울인 분들이 있었기에 양국이 지금의 위상을 갖게 됐음을 잊지 말아야 한다"고 말했다.

(2012. 7. 20. 일요서울)

남북조 시대 양梁나라 장군인 유신庾信이 남긴 '징조곡徵調曲'에 '낙실사수 음수사원落實思樹 飲水思源'이라는 말이 나온다고 한다. 과일을 딸 때는 나무를 생각하고, 물을 마실 때는 원천源川에 감사한다는 의미이다.

프랑스 소설가 장 지오노가 쓴 『나무를 심은 사람』이 생각난다. 묵묵히 참나무를 심었던 노인 덕에 울창한 숲을 가지게 된 것이다.

등산을 하면서 샘물을 만날 때 만든 사람을 생각해 본다. 자식을 키우면서 부모님의 은혜를 생각해 본다. 고맙고 감사한 일이다.

飮 鴆 止 渴 음짐지갈

마실 **음**　　짐새 **짐**　　그칠 **지**　　목마를 **갈**

뜻 독주毒酒를 마시고 갈증渴症을 그치게 함.

> 후한서後漢書에 '음짐지갈飮止渴'이라는 사자성어가 있다. '후환後患을 생각
> 하지 않고 눈앞의 위급危急을 면하기 위해 임시방편臨時方便을 사용한다'
> 는 뜻이다.
> 건설업계의 구조조정 관련 논의가 국가 정책·제도의 불합리성, 금융산업
> 및 여타 산업의 비선진화 등 우리 경제, 사회의 구조적인 문제점에 대한
> 임시방편으로 사용되고 있는지 다시 한 번 생각해볼 때다.
>
> (김영덕 위원 기고문, 2010. 6. 22. 아시아경제)

　짐주를 마셔 갈증을 푼다. 짐새의 깃으로 담근 독주를 마시면 죽
는다는 말에서 유래되었다고 한다. 임시 모면을 하려다 죽음에 이를
수가 있다는 말이다. '임시방편臨時方便'이라는 자주 사용하는 단어 대
신에 멋스럽게 사용할 수 있는 단어이다.

　경영자로서, 가장으로서 회사나 집에서 지식의 수준을 나타내 줄
수 있는 하나의 문구로 사용하면 어떨까? 한자가 가질 수 있는 함축
적 의미를 잘 표현해 주는 문구이자, 한자를 공부하면서 느끼는 즐거
움 중의 하나이다.

履 霜 之 戒 　이상지계

밟을 **이**　　서리 **상**　　갈 **지**　　경계할 **계**

🈂️ 서리 내리는 계절이 되면 얼음 어는 찬 겨울을 대비하라는 뜻.

> '이상지계履霜之戒'라는 말이 있다. 서리를 밟는다는 것은 곧 물이 얼 겨울
> 철이 닥칠 징조라는 뜻으로, 징조를 보고 장차 다가올 일에 대비해야 함
> 을 경계하는 말이다. 이번 사이버 공격의 피해가 사회적 대혼란을 야기할
> 만큼 크지 않았음을 안도하기보다 향후에 닥칠 커다란 재앙을 미연에 방
> 지하기 위하여 다방면의 노력을 기울일 필요가 있다.
>
> (ETRI 김흥남 원장 기고문, 2013. 03. 27. 동아일보)

'살얼음판을 걷는다'는 속담이 생각난다. 항상 조심하고 경계하라는
이야기이다. 평소에도 항상 조심해야 하는데, 징조가 보이면 더 말할
나위가 없다.

'징조'니 '조짐'이나 하는 것도 경험이 있는 사람이 판단하는 것이지,
모르는 사람은 지나치게 된다. 그래서 전문가가 필요한 것이고, 경험
자가 필요한 것이다. 이 같은 전문가나 경험자를 홀대할 때 그 대가
는 치르게 되어 있다.

藏 頭 露 尾　장두노미
감출 **장**　머리 **두**　드러낼 **노**　꼬리 **미**

뜻 쫓기던 타조가 머리를 덤불 속에 처박고서 꼬리는 미처 숨기지 못한 채 쩔쩔매는 모습에서 생겨난 말.

12월 19일 교수신문은 지난 8일부터 16일까지 전국 각 대학 교수 212명을 대상으로 설문 조사를 한 결과, 전체의 41%가 올해의 사자성어로 '장두노미'를 꼽았다고 전했다. 진실을 밝히지 않고 꼭꼭 숨겨두려 하지만 그 실마리는 이미 만천하에 드러나 있다는 뜻으로 속으로 감추는 것이 많아서 행여 들통날까 봐 전전긍긍하는 태도를 뜻하기도 한다.

교수들은 올해 4대강 논란, 천안함 침몰, 민간인 불법사찰, 영포 논란, 한미 FTA(자유무역협정) 협상, 예산안 날치기 처리 등 많은 사건이 있었지만 그때마다 정부는 국민을 설득하고 의혹을 깨끗이 해소하려는 노력보다 오히려 진실을 감추려는 모습을 보였다며 '장두노미' 선정 배경을 밝혔다.

(2010. 12. 20. 이데일리)

손바닥으로 하늘 가리기(이장폐천·以掌蔽天)인 셈이다.

어쩔 수 없이 하는 행동이지만 체면이 말이 아니다.

살면서 한 번씩은 경험하게 되지만 사람에게는 망각이라는 멋진 약이 있다.

唾 面 自 乾　타면자건

침 **타**　　낯 **면**　　스스로 **자**　　마를 **건**

뜻 　얼굴의 침이 마르도록 내버려 두라.

당나라 때 신하였던 누사덕이 한 말이라고 소개하고 있다. 누사덕이 동생이 대주자사라는 관직으로 부임할 때 조언해 준 말이란다.

남들이 시기, 질투할 때 대응하는 처세술을 알리는 내용이다. 화난 사람이 얼굴에 침을 뱉으면 어떻게 하겠느냐 하고 물으니, 남이 얼굴에 침을 뱉더라도 화내지 않고 닦아내겠다고 답변을 하자, 누사덕은 상대방이 무척 화가 나 있을 테니 그 자리에서 닦으면 더 화가 날 테니 닦아내지 말고 그냥 마르도록 내버려 두라는 조언을 했다고 한다.

(정진홍 논설, 2009. 11. 14. 중앙일보)

이 말은 『십팔사략十八史略』에 나오는 것으로, 처세에는 인내가 필요함을 비유하여 이르는 말이다. 참을 인忍 자 세 번 쓰면 살인도 면한다고 하는데, 중국인들의 대단한 처세술을 느낄 수 있는 대목이다.

직장생활에서의 처세술에 적용할 수 있겠다. 특히, 경쟁관계이거나 반목관계의 인간관계에서 생각나는 문구이다. 왕따로 걱정하는 자녀들에게 이 고사를 전해주면 도움이 될까?

解 弦 更 張　해현경장
풀 **해**　　시위 **현**　　고칠 **경**　　베풀 **장**

> **뜻** '풀어진 거문고 줄을 고친다'는 뜻으로 느슨해진 마음을 가다듬고
> 사회·정치적으로 제도를 개혁하는 것을 비유할 때 쓰인다.

대한전선 강희전 사장이 신임대표로 취임하면서 임원 회의를 주재하면서
화두로 던진 사자성구이다.

(2010. 4. 5. 어느 경제지에서)

　　중국 한漢나라 때 동중서董仲舒가 무제武帝에게 개혁을 촉구한 현량
대책賢良對策에서 유래되었다. 그래서 사회적·정치적 개혁을 의미하는
고사성어로 사용된다. 조선시대 말기에 발생한 갑오경장(甲午更張, 갑오
개혁)의 명칭도 여기서 유래된 것이라고 한다.

　　연초 금연을 다짐했지만 다시 담배가 생각날 때, 금주를 선언했지
만 저녁을 하면서 반주 한잔 하고 나면, 자기개발을 위하여 저녁 학
원 수강을 시작했지만 몇 번 빠지고 나면, 다짐을 했던 자신이 초라해
진다. 이 경우 책상머리 앞에, 휴대폰 대기화면에 써 놓으면 어떨까?

　　수험생이 아들이 다시금 게임을 하는 모습을 보면서 어떻게 아들의
결심을 되돌릴까 고민하는 아버지에게 추천하고 싶은 문장이다.

禍 福 同 門　화복동문

재앙 화　　복 복　　한가지 동　　문 문

뜻 화나 복은 모두 자신自身이 불러들임을 이르는 말이다.

재앙이나 축복은 모두 자신이 불러일으키는 것이기 때문에 같은 문제로 들어오며, 마음의 문제라는 것이다.

(김광로 부회장 인터뷰, 2010. 11. 15. 전자신문)

『회남자淮南子』에 나오는 말로, 『맹자孟子』에 나오는 화복유기(禍福由己, 화복은 자기에게서 말미암는다)와 같은 의미이다. 또한 '화복무문 유인소소 (禍福無門 惟人所召, 화와 복은 들어오는 문이 따로 있는 것이 아니라, 사람이 부르는 대로 오는 것이다)'도 같은 의미로 쓰인다.

기업이 안고 있는 문제를 해결하고자 컨설팅을 받는 경우가 있다. 컨설팅을 할 때 첫 번째가 사내 임직원들에 대한 인터뷰를 실시하게 된다. 컨설턴트들이 하는 말에 따르면 기업이 안고 있는 문제와 해결책은 이미 임직원이 모두 알고 있다는 것이고, 자신은 그들의 이야기를 정리했을 뿐이라는 것이다. 맞는 말이다.

어떠한 조직도 심지어 가정조차도 나름대로의 질서 하에서 움직여 왔는데, 잠깐의 조사, 분석으로 해결책을 제시하기란 쉽지 않다. 결국은 조직 구성원들의 합의 및 실행이 더 중요한 것이다.

5. 인내와 끈기가 필요할 때

無恒産 無恒心(무항산 무항심)

玉石混淆(옥석혼효)

自彊不息(자강불식)

疾風勁草(질풍경초)

天要下雨 娘要嫁人(천요하우 낭요가인)

| 無 없을 무 | 恒 항상 항 | 産 생업 산 | 무항산 |
| 無 없을 무 | 恒 항상 항 | 心 마음 심 | 무항심 |

뜻 생활이 안정되지 않으면 바른 마음을 견지하기 어렵다.

올해 3월 중앙선거관리위원장을 마치고 부인이 운영하는 편의점에서 일손을 도와 화제가 됐던 김능환(62) 전 대법관이 대형 로펌에서 일하기로 결정했다고 27일 밝혔다. 김 전 대법관은 이날 아는 기자들에게 '무항산無恒産이면 무항심無恒心이다. 다음 주 월요일(9월 2일)부터 법무법인 율촌에서 변호사로 일하기로 했다'는 문자메시지를 보냈다. '무항산이면 무항심'이라는 말은 맹자 '양혜왕편'에 나오는 말로 '생활이 안정되지 않으면 바른 마음을 견지하기 어렵다'는 뜻이다.

김 전 대법관은 본지와 통화에서 "사람은 직업을 가져야 하며 공직을 마친 사람으로서 제2의 인생을 살아야 한다고 생각했다"며 "다른 일을 하려면 자금이 필요한데 그것도 없고 평생 해왔던 영역에서 일을 하는 게 맞는다고 봤다"고 말했다.

(2013. 08. 28. 조선일보)

경제적 독립이 없으면 온전한 자유는 없는 법이다.

玉 石 混 淆 옥석혼효

구슬 **옥**　　돌 **석**　　섞일 **혼**　　뒤섞일 **효**

뜻 옥과 돌이 함께 뒤섞여 있다는 뜻으로, 선과 악, 좋은 것과 나쁜 것이 함께 섞여 있음.

> 증권회사 지점장들은 내년 증권시장을 옥玉과 돌石이 어지럽게 뒤섞여 있는 상황으로 변동성이 커질 것으로 전망했다.
> 현대중공업 계열의 하이투자증권이 부산과 울산, 경남지역 지점장들을 대상으로 내년 증시를 나타내는 사자성어를 조사한 결과 '옥석혼효玉石混淆'가 53.9%로 1위를 차지했다고 20일 밝혔다.
> '옥석혼효'는 '옥과 돌이 어지럽게 뒤섞여 있다'는 뜻으로, 좋고 나쁨이 혼재해 있는 상태를 의미한다.
> 이는 내년도 경제 및 증시가 대체로 긍정적이지만 국내외 악재 요인도 곳곳에 도사리고 있어서 변동성은 커질 것이라는 분석이다.
>
> (2010. 12. 20. 조세일보)

　옥석을 구분하기란 여간 손이 많이 가는 일이 아니다. 그나마 인내심을 가지고 노력하여 옥석을 구분할 수가 있다면 다행이다. 더 큰 문제는 옥석을 구분하지 못한다는 데 있다.

自 彊 不 息 자강불식

스스로 **자**   힘쓸 **강**   아닐 **불**   쉴 **식**

뜻 오직 최선을 다하여 힘쓰고 가다듬어 쉬지 아니하며 수양修養에 힘을 기울여 게을리하지 않는다.

> 염홍철 대전시장은 28일 신년 사자성어로 '스스로 힘써 노력하기를 쉬지 않는다'는 뜻의 자강불식自強不息을 선정, 발표했다
> 한편, 염홍철 시장은 민선5기 대전시장에 취임하기 이전인 지난 2009년 에는 '빛을 감추고 조용히 힘을 기른다'는 뜻의 도광양회韜光陽晦를, 2010 년에는 '해야 할 일을 열심히 준비하고 뜻을 이루어낸다'는 유소작위有所 作爲를 각각 신년 사자성어로 밝힌 바 있다.
>
> (2010. 12. 28. 신아일보)

기업에서 원가절감이나 기술혁신은 하루아침에 이루어지지 않는 다. 작지만 수많은 노력과 지혜가 모여 만들어 낸 혁신만이 지속적인 결과를 유지할 수 있다.

위대한 과학자는 머리가 좋은 사람보다는 끈기가 있는 사람이라고 한다. 실험실에서 묵묵히 실험을 하고 쉬지 않고 정진하는 것이 진정 한 과학자의 자세라고 생각한다.

疾　風　勁　草　질풍경초
병 **질**　바람 **풍**　굳셀 **경**　풀 **초**

뜻 '질풍에도 꺾이지 않는 굳센 풀'이라는 뜻으로, 아무리 어려운 일을 당하여도 뜻이 흔들리지 않는 사람을 비유적으로 이르는 말.

신창재 교보생명 회장이 1일 새 사업연도 시작을 맞아 '질풍경초疾風勁草'라는 고사성어로 올해의 경영목표를 제시했다. '질풍경초'는 '모진 바람이 불면 강한 풀을 알 수 있다'는 뜻이다.

1일 보험업계에 따르면 신 회장은 "고난과 역경을 겪어야만 그 사람의 굳은 의지와 진가를 알 수 있다"며 저금리 기조가 지속되고 재무 건정성 관련 회계기준도 강화되는 등 갈수록 어려워지는 업계 상황을 이겨내자고 당부했다. 그는 또 "교보생명은 평생든든서비스를 단순히 '하는' 회사도 아니고 '잘하는' 회사도 아닌 '가장 잘하는' 회사가 돼야 한다"며 차별화를 통해 뚜렷한 경쟁 우위를 확보해야 한다고 강조했다.

(2013. 4. 1. 한국일보)

『후한서』에 나오는 문장이다. 굳센 의지를 갖자고 독려할 때 사용할 수 있는 문장이다.

天 하늘 천 要 구할 요 下 아래 하 雨 비 우 천요하우
娘 아가씨 낭 要 구할 요 嫁 시집갈 가 人 사람 인 낭요가인

트위터에는 "비는 내리고 어머니는 시집간다"는 짧은 글을 남겼는데, 이는
마오쩌둥 어록에 나오는 '天要下雨 娘要嫁人(천요하우 낭요가인·하늘에서는
비가 내리려 하고 어머니는 시집가고 싶어 하네)'라는 구절을 인용한 것이다.
마오쩌둥이 한때 자신의 후계자로 지명했던 린바오가 쿠데타 모의 발각
으로 소련으로 도망쳤다는 보고를 받았을 때 했던 말로 "하늘에서 비를
내리려고 하면 막을 방법이 없고, 홀어머니가 시집을 가겠다고 하면 자식
으로서 말릴 수 없다."라는 뜻이다. 일반적으로 '방법이 없다'는 의미로 사
용된다.

(김태호 총리 지명자가 자진 사퇴를 앞두고 트위터에 올린 글,
2010. 8. 30. 이데일리)

'염화시중의 미소'라는 뜻이 있다. 꼭 말로 표현하지 않아도 알아듣
는다는 의미이다. '이심전심'인 셈이다. 또한 내가 어쩔 수 없는 상황
에서 안타까움을 표현하기에 적절한 문장이라고 생각한다. 자신의 마
음을 상징적, 은유적으로 표현하는 방식을 배워두는 것도 직장인의
한 덕목이 아닐까?

6. 전략을 구상할 때

求 同 存 異 구동존이

구할 **구**　　한가지 **동**　　있을 **존**　　다를 **이**

뜻 같은 것을 추구하되, 차이는 남겨 둔다.

중국 후진타오 주석과 미 오바마 대통령과의 정상 회담에 대한 중국 외교
가의 언급이라고 전하며 사용한 문장이다.
세계정세나 주요 이슈에 대해 공조할 것은 공조하되, 모든 것에 동의하지
는 않겠다는 나름대로의 자존심을 내세우는 의미라고나 할까.

(2009. 11. 18. 중앙일보)

'구동존이求同存異'는 '차이점을 인정하면서 같은 점을 추구한다'는 뜻
으로 1970년대 초 중국의 총리였던 주은래가 실리를 추구하며 사용
해 널리 알려진 사자성어다. 어원에 대해 서경에 나오는 글귀라는 설
과, 모택동 강연에서 나온 문장이라는 설도 있다. 현재 중국 공산당
의 대외정책의 핵심을 나타내는 표현으로 알려졌다.

같은 직업이나 업종에 종사하는 경쟁자의 경우처럼, 사업을 같이
하는 동업자의 경우처럼, 목표는 같이 하되, 방법에 대해서는 차이가
있는 경우에 이를 조정하고 타협하는 마음가짐을 가질 필요가 있을
때 생각해 볼 필요가 있는 문구이다.

사회생활을 하면서 피할 수 없는 인간관계 속에서 자신의 자존심
을 지키고자 하는 경우, 사용하면 좀 더 멋지지 않을까?

뜻 공동의 이익을 추구하며 공감대를 확대함.

> 김성환 외교통상부 장관은 이날 출범식에서 기조연설을 통해 "한·중 양국
> 관계는 단순히 서로 다른 점을 인정하면서 공동 이익을 추구하는 '구동존
> 이求同存異' 수준을 넘어야 한다"며 "양국 관계는 공동 이익을 추구하고 나
> 아가 서로 이견이 있는 부분까지 공감대를 확대해 나가는 '구동화이求同化
> 異'로 나아가야 한다"고 강조했다.
>
> (2010. 12. 16. 매일경제)

　중국 외교정책인 '구동존이求同存異'에 대응하는 문구로서 '존재하는
차이'를 '공감대 확대'로 제안하는 함축적인 문구이다. 중국의 외교 언
어에 대응하여 만든 문장이다. 협상을 하거나 관계를 형성하고자 할
때 상대방의 말이나 문장에 대구對句하는 것은 우호적일 수도 있지만
때로는 기분 나쁠 수도 있다. 분위기로 보아가며 적용할 필요가 있다.
　거래 관계를 형성할 때 상대방이 너무 원칙을 고수할 때는 우선 '공
통점'을 찾으려고 노력한다. 또는 조직 내에서 Task Force를 운영할
때 팀원들 간에 화합을 도모하고자 할 때 흔히 쓰는 구호가 '우리가
남이가!'이다. 공감대를 형성하고자 할 때 적용 가능할 듯하다.

多 難 興 邦 다난흥방

많을 **다**　　어려울 **난**　　일 **흥**　　나라 **방**

뜻 '많은 어려운 일을 겪고서야 나라를 일으킨다'는 뜻으로, 어려움을 극복克服하고 여러모로 노력努力해야 큰일을 이룰 수 있다는 말.

안동시는 아직도 초비상이다. 소·돼지 등 가축 17만 마리 중 15만 마리는 매몰하고 나머지 가축은 예방접종까지 마쳐 일단 고비는 넘겼다. 문제는 가슴속에 큰 상처가 난 주민들이다. 권영세 안동시장은 5일 특별담화를 통해 '다난흥방(多難興邦, 어려움을 극복하고 나서야 지역을 일으킨다)'이라는 말을 제시하며 화합과 단결을 강조했다.

(2011. 1. 5. 중앙일보)

　조직을 운영하다 보면 분위기 쇄신이 필요할 경우도 있다. 『삼국지』의 제갈량도 사랑하는 부하인 마속의 목을 베는 행위를 통하여 전쟁에서 승리를 얻기도 했다.

　부하가 나의 상사로부터 혼나기 전에 먼저 심하게 질책을 하게 되면 상사는 오히려 나를 말리기도 한다. 아버지에게 혼나기 전에 먼저 어머니가 자녀를 혼을 내면 아버지는 오히려 위로하게 된다. 조직이나 가정을 운영하다 보면 때로는 위기감을 조성할 필요가 있다.

　비 온 뒤에 땅이 굳어진다고 위로하자.

篤 行 誠 之 독행성지

도타울 독　　행할 행　　정성 성　　갈 지

뜻 사람으로서 해야 할 도리를 돈독하게 실행함.

> 대구향교(전교 구자영)는 계사년癸巳年 올해의 사자성어로 '독행성지篤行誠
> 之'를 제시했다.
> 4일 대구향교에 따르면 '독행성지'는 '사람으로서 해야 할 도리를 돈독하
> 게 실행함'을 뜻하는 사자성어다. 이는 대구시민이 지역과 국가의 발전을
> 위해 시민으로서 스스로의 직분에 충실하자는 유림의 뜻을 담고 있다.
> 이 사자성어는 중용에 나오는 '誠者天之道也(성은 하늘의 도리요) 誠之者
> 人之道也(성을 행하는 것은 사람이 행할 도리다)'에서 나왔다.
>
> (2013. 1. 5. 영남일보)

'돈독敦篤하다'는 말은 친구 사이의 우정뿐만 아니라 국가에 대한 충
성에 사용하기도 한다.

선행을 '독려督勵'하기 위해서는 동기부여가 되어야 하는데, 가장 효
과적인 방법이 '솔선수범'이고 '롤 모델'을 찾아 홍보하는 것이다. 조선
시대에는 '열녀문'이나 '효자문' 등을 세워 이를 독려하고자 하였다. 현
재는 연예인이나 방송인들이 그 역할을 하고 있는 듯하다. 그래서 소
위 '공인公人'이라 불리는 사람들의 '가치관'과 '행동지침'은 엄격해야만
하는 것이다.

動 須 相 應 동수상응

움직일 **동**　모름지기 **수**　서로 **상**　응할 **응**

뜻 행마를 할 때는 이쪽저쪽이 서로 연관되게 서로 호응을 하면서 국세를 펴내 유리하게 이끌 수 있도록 해야 한다는 뜻.

8세기 당나라 바둑의 명수 왕적신王積薪이 펴낸『위기십결圍棋十訣』에 동수상응動須相應이 있다. 바둑알 한 개 한 개가 서로 유기적인 관계를 형성하므로 착점을 결정하기 전에 자기편 바둑알의 능률과 더불어 상대편의 움직임까지 깊이 생각해야 한다는 뜻이다. 차세대 ICT 기업이 글로벌 사업 전략을 구상할 때 표준특허 정책이 가질 의미도 이와 비슷하지 않을까.

(이근협 협회장 기고문, 2012. 11. 6. 전자신문)

　경영학 용어 중에 '시너지'라는 단어가 있다. 이 용어는 기업 간의 협력에서뿐만 아니라 기업 내 조직 간의 협력에서도 적용될 수 있다. 분명히 방향에 맞게 힘을 모으면 1+1=2가 아닌 3, 4가 될 수 있다.

　줄다리기나 조정 경기에서 팀원 간 호흡이 맞는다면 '시너지'는 나온다. 중요한 것은 방향성이다. 방향이 맞아야 성과가 나고, 목표를 달성하게 되는 것이다.

同 舟 共 濟 동주공제
같을 동　　배 주　　함께 공　　건널 제

뜻 한마음 한뜻으로 같은 배를 타고 피안에 도달하자.

춘추시대 오吳나라와 월越나라는 철천지원수였다. 어느 날 두 나라 사람들이 같은 배를 타게 됐다. 때마침 폭풍우가 몰아쳤다. 절체절명의 위기 앞에서 두 나라 사람들은 서로 힘을 합쳤다. 서로 욕하거나 싸우지 않고 마치 왼손과 오른손처럼 서로를 도왔다.

『손자』 구지편九地編에 나오는 얘기다.

'같은 배를 타고 함께 강을 건넌다'는 뜻을 가진 '동주공제同舟共濟'는 이 고사에서 나왔다.

후진타오 중국 국가주석이 주요 20개국(G20) 정상회의에서 '동주공제'를 내세웠고 힐러리 클린턴 미국 국무장관도 지난해 5월 미·중 전략경제대회 개막식에서 이 고사를 인용하며 미·중 양국 협력 필요성을 시사한 바 있다.

(2012. 11. 19. 매일경제)

적이지만 때로는 협력을 해야 할 때가 있다. 소위 공동의 적이 생겼을 때에는 힘을 모아서 대응하고 해결된 후에는 다시 경쟁하는 것이 서로에게 도움이 되는 경우가 많다. 사업 측면에서는 경쟁을 하지만, 공동의 이익을 위해서는 협력하는 것이 현명한 방법이다.

萬 機 親 覽 만기친람
일만·**만**　들 기　친할 **친**　볼 **람**

뜻 임금이 온갖 정사政事를 친히 보살핌.

> 박근혜 대통령이 23일 국무회의에서 열 가지 주문을 쏟아냈다. 각 부처
> 의 업무를 일일이 챙기는 '만기친람(萬機親覽, 온갖 정사를 친히 보살핌)'형 국
> 정 운영 스타일을 이어간 것이다. 이날은 17개 부처 장관이 모두 임명된
> 뒤 열린 첫 국무회의였다.
>
> (2013. 4. 24. 동아일보)

경영학 용어 중에 '임파워먼트(Empowerment)'라는 말이 있다. 우리말
로 '권한 위임'이라고도 할 수 있다.

조직의 책임자가 부하에게 자신의 일을 위임하는 행위는 부하에 대
한 신뢰의 표시이기도 하면서 업무의 효율을 극대화하는 데 목적이
있다. 그러나 레임덕(lame duck) 현상도 항상 나타나므로 권한을 위임
하기란 쉽지 않을 수 있다.

한편으로는 '앙가주망(Engagement)'이라는 말도 있다. '참여'라고 볼
수 있는데, 이 역시 부하에 대한 격려의 표시이기도 하면서 신속한 의
사결정을 도모하자는 데에 있다.

어느 때 '권한 위임'을 하고, 어느 때 '참여'해야 하는지는 조직 책임
자의 판단이다. 잘하면 업무에 도움이 되지만 반대로 하면 조직에 악
영향을 주게 된다. 모든 일에는 양면이 있다는 점을 명심하자.

法 古 創 新 법고창신

법 **법**　　예 **고**　　비롯할 **창**　　새 **신**

> **뜻** '옛것을 본받아 새로운 것을 창조創造한다'는 뜻으로, 옛것에 토대土臺를 두되 그것을 변화變化시킬 줄 알고 새것을 만들어 가되 근본根本을 잃지 않아야 한다는 뜻.

> 최광식 문화체육부 장관은 "취임할 때부터 전통 문화를 계승·발전시키는 '법고창신法古創新'정신을 강조해 왔다"며 "메세나법은 법고창신 정신을 실현하는 데도 중요한 역할을 할 것"이라고 말했다.
>
> (2011. 11. 17. 매일경제)

문장을 만든 이는 『열하일기熱河日記』로 잘 알려진 북학파의 거두 연암燕巖 박지원朴趾源이며, 출전은 『연암집』 1권 초정집서楚亭集序이다.

연암은 단순한 모방 즉 '방고倣古'를 그 무엇보다도 경계한 반면, 옛것을 본받는 '법고法古'와 새로이 창제하는 '창신創新'을 병행하는 창작 방법을 제시하고 있다.

『논어論語』 위정편爲政篇에 나오는 '온고이지신溫故而知新'과 엇비슷하다고 말할 수 있을 터이다.

弗 爲 胡 成   불위호성

아니 **불**　　할 **위**　　오랑캐 **호**　　이룰 **성**

뜻 행하지 않으면 이룰 수 없다.

전북 전주시가 2013년 사자성어로 '행동하지 않으면 어떤 일도 이뤄지지 않는다'는 의미의 '불위호성弗爲胡成'을 정했다.

이 글귀는 『서경』의 태갑편에 나오는 말로 '불려호획弗慮胡獲 불위호성弗爲胡成'중 일부다.

전문을 그대로 해석하면 '깊이 생각하지 않고 어찌 얻을 수 있으며, 행하지 않고 어찌 이룰 수 있겠느냐'가 된다. 함축해 '숙려단행熟慮斷行'이 된다.

송하진 전주시장은 "2013년 전주는 완주와 다시 하나가 돼 100만 광역도시로 웅비하는 원년이 될 것이다"며 "머뭇거림 없이 천년 전주의 부흥을 만들도록 모두 힘을 합치고 실행하자는 의미로 이번 사자성어를 선택했다"고 말했다.

(2012. 12. 23. 뉴스1)

고민하지 않으면 해답을 찾을 수가 없고, 찾은 해답도 실행하지 않으면 소용이 없다. 당연한 이야기이지만 실천하기가 쉽지 않다.

'전략戰略은 실행實行이다' - 단순하면서도 명쾌한 지침指針이다.

영어 속담에 "Nothing ventured, nothing gained."라는 말이 있다.

해답은 고민한 만큼 보인다.

先 則 制 人   선즉제인
먼저 **선**   곧 **즉**   억제할 **제**   사람 **인**

뜻 선수를 치면 상대편을 제압할 수 있다.

> 윤증현 기획재정부 장관은 30일 새해 우리 경제의 화두로 '선즉제인先則
> 制人'을 제시했다.
> 윤 장관은 이날 재정부 직원들에게 보내는 송년 편지에서 "새해를 앞두고
> 선즉제인(남보다 먼저 도모하면 능히 남을 앞지를 수 있다)이라는 말을 되새겨주
> 기 바란다"며 "특히 글로벌 리스크를 먼저 감지하고 선제적으로 대응해야
> 할 것"이라고 밝혔다.
>
> (2010. 12. 31. 서울경제)

앞서 미리 준비한다는 것은 효과 면에서 좋다. 문제는 시점이나 준
비하는 내용인데, 시점을 잘못 예측하면 비용 측면에서 비효율이 발
생하게 된다.

우리 아이들의 교육에서 선행 학습이 얼마나 효과적인가에 대해서
는 논쟁의 소지가 있다.

시장 상황은 경제 주체들의 심리 상태에 따라 변화하기 마련인데,
사람들의 미래 심리를 얼마나 정확히 예측할 것인가가 경제 정책의
출발점이 되어야 할 것 같다.

기업에서도 시장과 경쟁사의 상황을 살펴보아야 하는 것은 시장을
선도하기 위함이다. 잘해서 성공하기도 하지만 잘못해서 망하기도 한
다. 하지만 First Mover Advantage는 있다.

歲　寒　松　柏　세한송백

해 세　　찰 한　　소나무 송　　잣나무 백

뜻 추운 겨울철에도 잎이 푸른 소나무와 잣나무.

현대차그룹은 내년 경영 화두를 '내실경영'으로 정했다. 내년 글로벌 자동
차 시장이 녹록지 않을 것으로 예상되는 만큼 내실 경영으로 기초를 튼
튼히 한 후, 난관을 극복해 나가겠다는 의지가 담겨 있다.

이 때문인지 현대차그룹의 신년 경영 화두를 가장 잘 나타내는 사자성어
로 '세한송백歲寒松柏'이 꼽힌다.

'세한송백'은 『논어』 제9장의 자한子罕편에서 유래됐다. '추운 계절에도 소
나무와 잣나무는 푸른 잎을 잃지 않는다'는 의미다.

'춥기 전이나 추운 후에도 소나무는 그대로 소나무이고, 잣나무 역시 그
대로 잣나무'란 뜻이 담겨 있다.

(2012. 1. 2. 매일경제)

논어의 원문은 다음과 같다.

歲寒然後 知松栢之後彫也(세한연후 지송백지후조야)

(계절이 추워진 후에야 소나무와 잣나무의 푸름을 알 수 있다.)

　가족과 친구의 소중함은 어려움을 겪고 나서야 그 진가를 알 수 있
다. 어려울수록 어려움을 나눌 수 있는 따뜻한 마음을 가진 사람을
만나길 기대한다.

應 形 無 窮 응형무궁

응할 **응**　　모양 **형**　　없을 **무**　　다할 **궁**

뜻 새로운 상황에 맞도록 적시에 적응해야 승리를 유지할 수 있다.

> 회원 수 450개사의 전기조합은 '응형무궁應形無窮'의 전략으로 위기 돌파
> 에 나섰다.
> '응형무궁'은 '변화하는 환경에 맞춰 끊임없이 변해야 지속적으로 발전할
> 수 있다'는 뜻으로 손자병법에서 유래한 말이다.
>
> (2012. 12. 12. 매일경제)

　병법서에서 나온 말인 만큼 경쟁 상황 하에서 적용될 수 있는 문장
이다. 경쟁이란 항상 상대가 있기 마련이고, 상대는 항상 변하기 때문
에 이에 대응하여야 한다는 말이다. 그래서 개인도 기업도 주변 환경
변화 및 경쟁구도의 변화에 항상 주목을 해야 하고, 변화에 대응하여
야 한다.

　장수 기업의 성공 요인 중 하나도 '환경 변화에 민감했다'라고 한다.
변화에 선제적으로 대응하려면 민감한 촉수를 가져야 한다. 고객의
소리, 시장의 움직임에 항상 귀 기울이고, 촉각을 세워야 한다. 그리
고 경쟁자의 움직임을 놓치지 말아야 한다. 문제는 '조직의 유연성을
어떻게 유지할 것인가?'이다.

以 聽 得 心 이청득심

써 **이** 들을 **청** 얻을 **득** 마음 **심**

🈡 들음으로 마음을 얻는다.

이상운 효성 부회장은 또 "경청과 대화는 모든 관계의 시작"으로 "원활한 소통을 위해선 '잘 듣는 것'이 필요하다"고 강조했다. 그는 "마음을 얻는 가장 좋은 방법은 귀 기울여 듣는 것"이라며 "이청득심以聽得心의 자세를 가져야 한다"고 당부했다.

이 부회장은 의사소통을 자유롭게 해 성과를 높인 사례로 미국 애니메이션 회사인 픽사(PIXAR)의 '두뇌위원회'를 꼽았다. 그는 "픽사는 영화를 잘 만들기 위한 아이디어를 가진 사람이라면 직급, 부서를 불문하고 참여해 토론하도록 했다"며 "이런 소통을 통해 '토이스토리' '니모를 찾아서' 등을 만들 수 있었다"고 설명했다.

(2013. 06. 02. 한국경제)

'경청傾聽'이 소통의 기본이라는 사실을 모두가 안다. 하지만 리더가 항상 실천하지 못하는 덕목 중의 하나다. 이를 비유하여 사람에게는 입은 하나지만, 귀가 두 개라고 한다. 말하기보다는 듣기를 잘하라는 뜻이다.

국회 청문회를 보면서 '청문회'인지 '질문회'인지 구분하기가 어렵다. 정착 들어야 할 사람의 이야기는 못 듣고, 질문자들의 이야기만 들어야 하는 답답한 상황을 보고 있는 국민들은 더욱 답답하고 안타깝다.

涸	轍	之	鮒	학철지부
물 마를 **학**	바퀴 자국 **철**	갈 **지**	붕어 **부**	

뜻 '수레바퀴 자국에 괸 물에 있는 붕어'라는 뜻으로, 곤궁한 처지나 다급한 위기를 비유한 말.

> 그는 '학철지부涸轍之鮒'라는 고사성어를 인용했다. 물 마른 수레바퀴 자국에 있는 붕어에겐 강물보다(근본 처방) 물 한 바가지(긴급 대책)가 더 급하다는 의미다. 그는 "서민에게 미소금융과 햇살론은 물 한 바가지처럼 소중하다"고 말했다.
>
> (김석동 금융위원장 인터뷰, 2011. 1. 4. 중앙일보)

미국 EDS 대표가 GM에 인수된 후 GM 조직의 관료화를 비판하였다. 공장에 뱀이 출몰하자 '뱀퇴치위원회'를 구성했다고 한다. 뱀이 나타나면 잡으라고 공지하면 되는데 사내에서 관련 부서 부서장을 모아서 위원회를 구성하는 우를 범한다고 대기업의 관료주의를 비판하였다.

정부도 대기업도 이 같은 우스운 일을 가끔은 하는 것 같다. 국민이나 조직원이 보기엔 간단히 처리할 일도 책임 소재를 피하기 위한 수단으로 통상적으로 위원회를 구성하기도 한다. 정말로 급한 상황에서는 독단적인 행동도 필요할 경우가 있다. 그래서 때로는 독재가 그리울 때가 있다.

虎 視 牛 步　호시우보

호랑이 **호**　볼 **시**　소 **우**　걸음 **보**

> **뜻** 호랑이같이 예리銳利하고 무섭게 사물事物을 보고 소같이 신중愼重하게 행동行動한다는 뜻.

정해붕 하나SK카드 사장은 "시대와 환경의 변화가 큰 시기가 우리에게는 기회가 된다는 사실을 믿고 2013년에는 우리 모두가 '호시우보虎視牛步'의 자세로 미래를 경영하자"고 말했다. 호랑이같이 예리하고 무섭게 사물을 보고 소같이 신중하게 행동해야 한다는 뜻이다. 모든 일에 신중해야 한다는 의미다. 힘든 시기임이 분명하지만 위기를 도약의 발판으로 바꿀 수 있는 기회를 놓치지 말자는 역발상을 주문한 것으로 보인다.

(2013. 1. 9. 이투데이)

경기 침체기 또는 정체기에는 투자를 보류하는 경우가 많다. 그러나 기업이나 사람이나 슬럼프는 있기 마련인데, 이때 적용하기에 적절한 단어이다. 슬럼프라고 좌절하거나 의기소침意氣銷沈해서는 안 되고, 때를 기다리며 공부하는 자세가 필요하다.

기회는 준비된 자에게만 그 힌트를 보여 준다고 한다. 그 힌트를 놓치지 않기 위해서는 항상 경계하며 준비하여야 한다. 날카로움과 꾸준함을 동시에 갖기란 어려운 일이지만, 그래도 유지하려는 노력은 계속하여야 한다.

찾아보기

ㄱ

ㅇ